Gewicht im Griff

Ein Ernährungsprogramm für Ihre Gesundheit

VERBRAUCHER ZENTRALE

Inhalt

Einleitung 4

Meine Ausgangslage

Ich finde mein Ziel! 6
CHECK Seit wann fühle ich mich zu dick? 6
CHECK Warum will ich abnehmen? Warum will ich schlank sein? . . 7
CHECK Schönheitsideal und Frauenbild 8
CHECK Appetit, Hunger, Sättigung, Völlegefühl – Körpersignalen auf der Spur 8
ÜBUNG Wo steckt mein Hunger? 10
CHECK Wieviel möchte ich wiegen? 12
Was ich täglich esse und trinke 13
CHECK Schätzen Sie mal, was wieviel Kalorien hat 14
CHECK Was ich an meinem Eßverhalten verändern möchte 15
CHECK Belohnen Sie sich 15

Das Ernährungsprogramm – vorgestellt

Was darf ich wiegen? 16
Das Wohlfühlgewicht 16
INFO Gewichtige Formeln (Normalgewicht nach Broca, Idealgewicht, Body-Mass-Index) 17
Woher kommt (mein) Übergewicht? 22
Der Energiebedarf 25
Gesunde Ernährung – Grundlage für dauerhaften Erfolg 27
Die Eckpunkte des Ernährungsprogramms 28
Tagespläne mit 1200 kcal, 1500 kcal und 1700 kcal 30
Was wir Ihnen vorbehaltlos empfehlen 35
Gemüse, Kräuter und Kartoffeln 36
Obst 37
Getreide 37
Milch, Milchprodukte, Käse 38
INFO Fett-Kennzeichnung bei Käse 39
Getränke 41
Fette 41

Fleisch, Fisch, Eier 42
Was wir Ihnen nur bedingt empfehlen 44
Zucker, Süßigkeiten 44
Süßstoffe 46
Weißes Mehl und helle Back- und Teigwaren 48
Zusatzstoffe und Fertigprodukte 48
Kochsalz 50
Alkoholische Getränke 51
Light-Produkte 51
Niemand ist vollkommen 52
Was ist, wenn ...? – Beim Abnehmen auftretende Fragen und Probleme 53
Wie halte ich mein neues Gewicht? 58
Schlankheitsmittel – das Geschäft mit der schlanken Linie 64
Diäten unter der Lupe 66

Das Ernährungsprogramm – praktisch umgesetzt

Was Sie für unser Ernährungsprogramm benötigen und berücksichtigen sollten 72
Kalorien-Aufteilung für den Tag 73

Rezepte

Vorbemerkungen zu den Rezepten 74
Löffelmaße 75
Rezeptverzeichnis 76
Frühstück 79
Zwischenmahlzeiten 81
Mittagessen 96
Abendessen 122

Anhang

Rezeptregister 138
Ernährungsprotokoll (Kopiervorlage) 140
Wichtige Anschriften 141
Literaturhinweise 142

Einleitung

Essen und Trinken ist ein gutes Beispiel für die „Kunst des Genießens". Was sich der Mensch einverleibt, kann Quell täglicher Freude sein, wenn das Schmausen für Gaumen- und andere Sinnesgenüsse sorgt und für Gemütlichkeit und Lebenslust steht.

80 Prozent der Deutschen bezeichnen sich als Genießer und Genießerinnen.

Unabhängig davon, was man genießt, gibt es verschiedene Qualitäten. Der pure Genuß aus ganzem Herzen fühlt sich anders an als der rein gewohnheitsmäßige oder gar der mit einem schlechtem Gewissen verbundene. Findet sich häufiger keine Zeit zum Essen und wird zu anderen Zeiten dann um so heftiger „zugeschlagen" oder ist des öfteren das Fleisch schwächer als der Geist willig, kann dies zu ungewolltem Übergewicht führen. Dieses Übergewicht kann nicht nur körperlich, sondern mit der Zeit auch psychisch zu einer (Dauer-)Belastung werden.

Und wenn man sich dann (zu) dick fühlt und mit den Schlanken und Schönen in der Werbung, in Filmen und Illustrierten vergleicht, dann soll das Angefutterte möglichst ohne große Einschränkungen und vor allem schnell wieder runter. Dann verführt erneut die x-te Diät, die wieder einmal 10 Pfund Gewichtsabnahme in 8 Tagen verspricht.

Wir wollen Ihnen einen Weg vorschlagen, wie Sie Ihr Gewicht dauerhaft in den Griff kriegen, und aufzeigen, daß

- man Essen und Trinken ohne Reue genießen kann,
- die Waage kein Gradmesser für unsere Tagesstimmung sein darf
- die meisten Schlankheitsdiäten nur kurze Erfolgserlebnisse vermitteln
- Glücklichsein nicht mit Schlanksein gekoppelt ist
- und der Körper auch ein Wort mitreden kann, was er braucht und was ihm schadet – wenn man ihn läßt.

Drei von vier Erwachsenen haben mindestens schon eine Diät durchgeführt und kennen von daher den Frust und die Enttäuschung über fehlgeschlagene Versuche und das schlechte Gewissen.

Dabei liegt die Schuld nicht unbedingt bei den Betroffenen selbst. Viele Diäten sind einseitig, schmecken nicht auf Dauer, ändern nichts am bisherigen und vielleicht ungünstigen Eßverhalten und liefern deshalb oft den Mißerfolg gleich mit. Mit wiederholten „Wechselbädern" von Diätversuch und anschließender Gewichtszunahme verwirren wir unseren Stoffwechsel, werden immer dicker und verlieren die tatsächlichen Bedürfnisse vollends aus den Augen.

Mit unserem Ratgeber möchten wir Sie anregen, sich mit Ihrem „Wunschgewicht" zu befassen und Ihr eigenes Wohlfühlgewicht zu finden.
Außerdem geben wir Ihnen das Rüstzeug für eine erfolgreiche und dauerhafte Gewichtsabnahme.

Ihr „Startkapital" beschränkt sich auf Ihre innere Bereitschaft, Ihre Eß- und Trinkgewohnheiten zu überdenken und sich mit dem eigenen Gewicht, Ihren Vorstellungen darüber und Ihren Gefühlen dazu auseinanderzusetzen.

Und wenn Veränderungen auf Dauer angesagt sind, dann gehören „Ausrutscher", „Rückfälle" oder die sogenannten „Sünden" durchaus zum Spiel. Deshalb braucht man das eigentliche Ziel nicht aus den Augen zu verlieren.

Denn: Der Weg ist das Ziel
– und jeder Weg beginnt mit dem ersten Schritt.

Meine Ausgangslage

Bevor Sie mit unserem Ernährungsprogramm beginnen, nehmen Sie sich ein wenig Zeit – Zeit für sich selbst.

Ich finde mein Ziel!

Machen Sie sich bewußt, warum Sie abnehmen wollen und was Sie sich davon erhoffen.

Mit dem eigenen Körpergewicht ins Reine zu kommen heißt auch, sich selbst näherzukommen, sich vielleicht wieder intensiver mit dem eigenen Körper zu befassen, ihn möglichst liebevoll zu betrachten und zu berühren und sich gegebenenfalls von äußeren Einflüssen und übernommenen Schönheitsidealen zu lösen. Um Ihnen eine „Selbst-Diagnose" zu erleichtern, haben wir ein wenig vorgearbeitet, Fragen vorformuliert, einzelne Aspekte herausgegriffen.

Check

Seit wann bzw. in welchen Situationen fühle ich mich (zu) dick?

Gab bzw. gibt es auslösende oder bestimmte Situationen, z. B. Trennung vom Partner, Schwangerschaft, Krankheit, Strandfete? Was, glauben Sie, wäre anders oder besser, wenn Sie dünner wären?

Ich fühle mich zu dick, seit...

Wenn ich schlanker wäre, dann...

Ich fühle mich zu dick, weil...

Wenn ich schlanker wäre, dann...

Ich fühle mich zu dick, wenn...

Wenn ich schlanker wäre, dann...

Überlegen Sie jetzt, ob Ihre Zielvorstellungen unbedingt an ein geringeres Körpergewicht gebunden sind!
Auch gut „gepolsterte" Menschen sind begehrenswert, schön, erotisch, glücklich, selbstbewußt, emanzipiert, sinnlich, werden geliebt und akzeptiert. Positive Ausstrahlung, Intelligenz und ein gutes Lebensgefühl sind nicht vom Gewicht abhängig.

Check

Warum will ich abnehmen? Warum will ich schlank sein?

Ich will abnehmen, weil ich dann...

Sie haben festgehalten, was sich nach Ihrer Ansicht ändert, sind erst einmal die Pfunde geschmolzen. Haben Sie dabei auch mit erwogen, ob für diese Veränderungen tatsächlich eine schlanke Figur notwendig ist?

Check

Schönheitsideal und Frauenbild

Spätestens mit folgender Maßnahme wird Ihnen deutlich, was wir Ihnen vermitteln wollen: Schneiden Sie aus einer x-beliebigen (Frauen-)Zeitschrift alle Bilder und Titel heraus, die für Sie den Aspekt „Schönheitsideal und Frauenbild" berühren.
Breiten Sie dann Ihre gesammelten Werke vor sich aus und schreiben auf, welche Eigenschaften diese Frauen für Sie verkörpern – unabhängig von ihrem Schlanksein:

Markieren Sie nun die Eigenschaften, die nichts mit dem Gewicht zu tun haben, und schon sehen Sie, daß Selbstwert und Lebensglück nicht nur am Gewicht hängen.

Check

Appetit, Hunger, Sättigung, Völlegefühl – Körpersignalen auf der Spur

Wann haben Sie zum letzten Mal bewußt Hunger, Appetit, Sättigung und Völlegefühl wahrgenommen? Was bedeuten diese Begriffe für Sie? Wie würden Sie die einzelnen Zustände beschreiben und mit welchen Situationen verbinden?

	Bedeutung	Situation
Appetit:		
Hunger:		
Sättigung:		
Völlegefühl:		

Häufig essen wir, weil wir **Appetit,** Streß, Freude, Kummer, Langeweile haben, oder wir essen aus Gewohnheit zu bestimmten Tageszeiten. Auch lassen wir uns durch äußere Einflüsse zum Essen anregen, durch die Duftfahne aus der Bäckerei oder durch die nette Nachbarin, die wieder einmal Kuchen zum Probieren vorbeibringt.

Richtigen **Hunger** haben wir heute selten. Wir lassen ihn kaum noch aufkommen und brauchen dies glücklicherweise auch nicht. Wie Hunger und Sättigung im Einzelnen reguliert werden, ist wissenschaftlich bis heute noch nicht endgültig geklärt. Sicher ist jedoch, daß es im Gehirn ein Hunger- und Sättigungszentrum gibt.

Hungersignale werden durch verschiedene innere Reize ausgelöst, die größtenteils noch rätselhaft sind. Zwei wichtige Faktoren sind jedoch die Magendehnung durch voluminöses, nicht aber unbedingt kalorienreiches Essen, sowie die Zusammensetzung der Nahrung. So können ein niedriger Blutzuckerspiegel und wahrscheinlich auch das Fehlen bestimmter Eiweißbausteine Hungersignale auslösen.

Diese Mechanismen steuern das aktuelle Eßbedürfnis.

Sättigung wird beschrieben als die Abwesenheit von Hunger bzw. als in der Weise gestillter Hunger, der sich im Körper und Bewußtsein mit einem Gefühl von Befriedigung, Sicherheit und Wohlbefinden breitmacht.

Unter dem Begriff **Völlegefühl** verstehen wir eine Über-Sättigung, die sich negativ mit Gefühlen von Belastung, Unwohlsein bis an die Schmerzgrenze ausdrückt.

Wir möchten Sie ermuntern, zwischendurch Ihren Körpersignalen bewußt etwas Aufmerksamkeit zu schenken und herauszufinden, wo und wann Sie Hunger, Sättigung und Völlegefühl spüren. Dazu empfehlen wir die Übung auf Seite 10.

Übung

Wo steckt mein Hunger?

(ganz sinnvoll gemeinsam mit einer Freundin)

1 Essen Sie an einem dafür ausgewählten Tag etwa 4 bis 5 Stunden nichts. Konzentrieren Sie sich dann auf Ihren Körper und gehen einmal gedanklich – und wenn Sie mögen – auch mit den Händen von den Füßen bis zum Kopf an Ihrem Körper entlang. Verweilen Sie bei Ihrem Bauch etwas länger.

2 Tragen Sie dann mit einem Buntstift, z. B. blau, in die Figur ein, wo Sie Hunger verspüren, und notieren Sie, wie Sie sich fühlen.

3 Denken Sie jetzt daran, etwas zu essen. Notieren Sie, auf was Sie hungrig sind und welche Lebensmittel Sie jetzt bei Hunger auswählen. Denken Sie darüber nach, welche Lebensmittel Sie auswählen, wenn Sie (nur) Appetit haben. Richten Sie sich Ihre Mahlzeit her. Essen Sie dann ganz langsam Biß für Biß und achten darauf, nach welcher Zeit ein Sättigungsgefühl eintritt. Notieren Sie die Zeit auf dem Figurenblatt. Malen Sie auch mit einer anderen Buntstiftfarbe, z. B. grün, die Körperstellen ein, wo Sie Sättigung spüren.

4 Wenn Sie mögen, essen Sie weiter bis zum Völlegefühl und tragen auch dieses mit wieder einer anderen Farbe, z. B. rot, in die Figur ein.

5 Wie würden Sie jetzt die Begriffe Appetit, Hunger, Sättigung und Völlegefühl beschreiben? Hat sich etwas verändert in Ihren Aussagen, haben Sie vielleicht neue Erfahrungen gemacht?

6 Versuchen Sie, auch im Alltag öfter einmal auf Ihre Körpersignale zu achten, z. B. wann esse ich aus Appetit, wann vor Hunger, wann trotzdem weiter, auch wenn ich bereits spürbar satt bin ...

Anmerkung: Es gibt bei dieser Übung kein Richtig und kein Falsch. Hungerorte im Körper sind individuell unterschiedlich. Wichtig und spannend ist es, diese Orte mal bewußt zu spüren. Die Erfahrung in unseren Ernährungstrainings zeigt, daß nach dieser Übung Frauen bewußter mit ihren Körpersignalen umzugehen wissen.

Tragen Sie hier mit Buntstift in die Figur ein, wo Sie Hunger, Sättigung oder Völlegefühl verspüren.

Check

Wieviel möchte ich wiegen?

Zur Zeit wiege ich ______ kg

Mein Wunschgewicht liegt bei ______ kg

Überlegen Sie, warum Sie gerade dieses Gewicht als Wunschgewicht angegeben haben.

Verbinden Sie damit einen bestimmten Lebensabschnitt?
Wie alt waren Sie, als Sie dieses Gewicht zum letzten Mal auf Ihrer Waage hatten?
Ist Ihr Ziel realistisch gesteckt?
Glauben Sie, daß dieses Gewicht (heute noch) erreichbar ist?

Falls Sie jetzt Zweifel kriegen sollten, überlegen Sie, bei welchem reduzierten Wunschgewicht Sie eine gute Mischung von echtem Erfolgserlebnis, Erhalt der Lebensfreude durch Eßgenuß und unergiebiger Selbstkasteiung absehen können.

Korrigieren Sie ggfs. Ihren Eintrag.

Was ich täglich esse und trinke

Vor einer Veränderung ist es äußerst wichtig, das eigene Eßverhalten zu analysieren. Wir empfehlen, einige Zeit lang, das heißt, mindestens eine Woche lang, die Lebensmittel, die Sie essen, zu notieren. Das geht am besten mit Hilfe eines Protokolls, ein Muster finden Sie auf Seite <#>.

Damit können Sie sich leicht wieder bewußt machen, was Sie wann essen und trinken, was Sie bevorzugen und vielleicht auch vernachlässigen.

Überlegen Sie z. B. einmal: Ist es spürbarer Hunger, eine bestimmte „Essenszeit“, sind es äußere Reize, wie der Duft aus einer Bäckerei oder eine spezielle Eisdiele oder Bratwurstbude auf einem bestimmten Weg? Vielleicht registrieren Sie, daß Sie nachmittags immer Schmacht auf „irgendetwas Leckeres“ haben, daß Sie abends beim Fernsehen Knabberzeug brauchen oder bei Einladungen so gerne alles probieren möchten.

Versuchen Sie, Ihre kritischen Situationen herauszustellen, und stellen Sie Regeln für sich auf, mit denen Sie Ihren „Lastern“ etwas entgegensetzen können. Solche Vorsätze könnten z. B. sein, sich mit einer Freundin für eine gemeinsame Unternehmung am Nachmittag zu verabreden, oder abends mal wieder Karten zu spielen oder sich vor einem Buffet oder Brunch auf ein Eßlimit zu programmieren.

Benutzen Sie für Ihre Notierungen z. B. eine Kladde oder ein Ringbuch und schreiben Sie alles auf, was Ihnen auffällt, gefällt, schwer fällt oder mißfällt, Ihnen also durch den Kopf geht und auf den Magen schlägt.

Außerdem ist es sinnvoll, auch die Kalorien überschlägig in das Protokoll mit aufzunehmen, um den Energiegehalt im Auge zu behalten.

Die Eßgewohnheiten gehören zu den stabilsten Verhaltensweisen des Menschen, da sie bereits in der Kindheit geprägt werden. Sie zu ändern, erfordert Training, braucht seine Zeit und sollte in kleinen Schritten erfolgen.

Wir haben einen kleinen Test für Sie vorbereitet. Schätzen Sie mal beispielhaft, wie viele Kalorien einzelne Lebensmittel haben. Liegen Sie mit Ihren Schätzungen ungefähr richtig, dann ersparen Sie sich das Kalorienzählen. Sollten diese voll daneben geraten sein, wäre ein Blick in eine Kalorientabelle, verbunden mit einigen Rechenübungen hilfreich, um sich mit der Zeit ggf. nicht mehr so folgenschwer zu verschätzen.

Check

Schätzen Sie mal, was wieviel Kalorien hat:

1 Scheibe Brot, etwa 40 g		kcal
1 Scheibe Käse, etwa 30 g		kcal
1 Teelöffel Butter, etwa 5 g		kcal
1 Glas Orangensaft, 0,2 l		kcal
1 Schnitzel, etwa 150 g		kcal
1 Portion Pommes, etwa 150 g		kcal
1 Stück Sahnetorte, etwa 150 g		kcal
1 Stück Marmorkuchen, 70 g		kcal
1 Schokokuß		kcal
1 Tafel Schokolade, 100 g		kcal
1 Glas Bier, 0,2 l		kcal
1 Glas Wein, 0,1 l, weiß		kcal

Die Auflösung finden Sie auf Seite 16

Wenn Sie sich mit Hilfe des Protokolls ein Bild gemacht haben, halten Sie fest, was Sie verändern wollen.

Check

Was ich an meinem Eßverhalten verändern möchte:

Greifen Sie sich einen Punkt heraus, von dem Sie glauben, ihn am leichtesten durchführen zu können.
Klappt das, nehmen Sie sich einen weiteren vor. Schritt für Schritt!

Check

Belohnen Sie sich!

Überlegen und halten Sie fest, was Ihnen Freude bereitet, ohne daß dabei Essen und Trinken eine Rolle spielt: z. B. ins Kino gehen, ein spannendes Buch lesen, zum Fußball gehen, mit der Familie in den Zoo gehen, eine Radtour machen ...

Mir würde Freude bereiten:

Das Ernährungsprogramm – vorgestellt

Auflösung von Seite 14 (einfach anlegen)

95 kcal
90 kcal
40 kcal
90 kcal
160 kcal
400 kcal
500 kcal
270 kcal
90 kcal
550 kcal
85 kcal
70 kcal

Was darf ich wiegen?

Zu viele überflüssige Pfunde müssen nicht nur dauernd mit rumgeschleppt werden, sondern erschweren auch ständig die Arbeitsbedingungen für Herz, Kreislauf und Gelenke. Das geht auf Dauer an die Knochen, stört den Stoffwechsel, erhöht die Fett- und Zuckerwerte im Blut und sorgt für weitere Gesundheitsrisiken.

Die Zeit der starren Gewichtsempfehlungen ist vorbei! Das Schönheitsideal, mindestens für Frauen, hält allerdings weiter starr an knabenhaft schlanken Körpern fest. Der übertriebene Wunsch nach Schlankheit wird weiterhin durch die abartigsten Diäten und dubiosesten Anzeigen geschürt.

Wer häufig „diätet", nur Kalorien wie Erbsen zählt, sich in Schwitzwäsche zwängt und Tabletten schluckt, riskiert Eßprobleme bis hin zu schweren Eßstörungen, ungewollte Nebenwirkungen sowie unnötige Ausgaben und Frust über erneute Mißerfolge.

Das Wohlfühlgewicht

Heute wird immer mehr das Wohlfühlgewicht empfohlen, das sich nicht mehr an starren Vorgaben orientiert. Es ist individuell zu sehen und markiert gewichtsmäßig den Zustand, in dem man sich am wohlsten fühlt, beweglich und leicht, gesund und munter. Das Wohlfühlgewicht kann durchaus in einem Gewichtsbereich liegen, der bisher als Übergewicht galt. Für eine „objektivere" Beurteilung des Körpergewichtes gibt es Formeln und Faustregeln bis hin zu genauen Messungen über Dicke, Verteilung und Form der Fettpolster (Siehe „Gewichtige Formeln"). Wir empfehlen, auf sich selbst zu hören und Ihr Wohlfühlgewicht zu Ihrem Richtwert zu erklären.

Info

Gewichtige Formeln

Das Normalgewicht (nach Broca)
Die Formel für das Normalgewicht nach dem Arzt Broca ist mehr als 100 Jahre alt und noch immer die einfachste Berechnungweise, leider auch die ungenaueste:

Körpergröße in cm	
minus	100
Normalgewicht in kg	

Für kleine Personen unter 160 cm bzw. für große über 190 cm ergibt die Berechnung „schiefe" Werte. 20 bis 30 Prozent über dem Brocagewicht gilt als behandlungsbedürftiges Übergewicht, wenn dieses für gleichzeitige Gesundheitsstörungen mitverantwortlich ist. Wer mehr als 30 Prozent Übergewicht aufweist, sollte auf jeden Fall abnehmen, denn dann wird es zu einem gesundheitlichen Problem.

Das Idealgewicht
In den 40er und 50er Jahren „erfanden" amerikanische Versicherungsgesellschaften das Idealgewicht, das als leichtes Untergewicht die längste Lebenserwartung versprach. Frauen mußten demnach 15 Prozent und Männer 10 Prozent vom Normalgewicht (nach Broca) abziehen.
Kritische Überprüfungen ergaben, daß das Idealgewicht keineswegs ideal ist. Wie schon erwähnt, belegen neuere Statistiken, daß die Lebenserwartung im Bereich des Normalgewichtes und etwas darüber am höchsten ist. Toleriert wird bei einem gesunden Menschen ein Gewicht von plus/minus 10 Prozent über bzw. unter dem Normalgewicht. Danach darf beispielsweise eine 170 cm große Person zwischen 63 und 77 kg wiegen. Einige Wissenschaftler sehen die Grenze erst bei 20 Prozent.

Der Body-Mass-Index
Eine bessere Relation zwischen Körpergröße und tatsächlichem Gewicht vermittelt der Body-Mass-Index (BMI), der auch in wissenschaftlichen Untersuchungen verwendet wird.

Tabelle für das relative Körpergewicht

Körpergröße in (cm)	Körpergewicht in kg													
	50	52	54	56	58	60	62	64	66	68	70	72	74	76
200	13	13	14	14	15	15	16	16	17	17	18	18	19	19
198	13	13	14	14	15	15	16	16	17	17	18	18	19	19
196	13	14	14	15	15	16	16	17	17	18	18	19	19	20
194	13	14	14	15	15	15	16	17	18	18	19	19	19	20
192	14	14	15	15	16	16	17	17	18	18	19	20	20	21
190	14	14	15	16	16	17	17	18	18	19	19	20	20	21
188	14	15	15	16	16	17	18	18	19	19	20	20	21	22
186	14	15	16	16	17	17	18	18	19	20	20	21	21	22
184	15	15	16	17	17	18	18	19	19	20	21	21	22	22
182	15	16	16	17	18	18	19	19	20	21	21	22	22	23
180	15	16	17	17	18	19	19	20	20	21	22	22	23	23
178	16	16	17	18	18	19	20	20	21	21	22	23	23	24
176	16	17	17	18	19	19	20	21	21	22	23	23	24	25
174	17	17	18	18	19	20	20	21	22	22	23	24	24	25
172	17	18	18	19	20	20	21	22	22	23	24	24	25	26
170	17	18	19	19	20	21	21	22	23	24	24	25	26	26
168	18	18	19	20	21	21	22	23	23	24	25	26	26	27
166	18	19	20	20	21	22	22	23	24	25	25	26	27	28
164	19	19	20	21	22	22	23	24	25	25	26	27	28	28
162	19	20	21	21	22	23	24	24	25	26	27	27	28	29
160	20	20	21	22	23	23	24	25	26	27	27	28	29	30
158	20	21	22	22	23	24	25	26	26	27	28	29	30	30
156	21	21	22	23	24	25	25	26	27	28	29	30	30	31
154	21	22	23	24	24	25	26	27	28	29	30	30	31	32
152	22	23	23	24	25	26	27	28	29	29	30	31	32	33

Wenn Sie der **„Tabelle für das relative Körpergewicht"** (siehe unten) von Ihrer Körpergröße und Ihrem aktuellen Gewicht Ihren Schnittpunktwert entnommen haben, können Sie Ihren Body-Mass-Index ablesen.

Tabelle für das relative Körpergewicht (Fortsetzung)

Körpergewicht in kg

(cm)	78	80	82	84	86	88	90	92	94	96	98	100	102	104	106	108	110
200	20	20	21	21	22	22	23	23	24	24	25	25	26	26	27	27	28
198	20	20	21	21	22	22	23	23	24	24	25	26	26	26	27	28	28
196	20	21	21	22	22	23	23	24	24	25	26	26	27	27	28	28	29
194	21	21	22	22	22	23	23	24	25	26	26	27	27	28	28	29	29
192	21	22	22	23	23	24	24	25	25	26	27	27	28	28	29	29	30
190	22	22	23	23	24	24	25	25	26	27	27	28	28	29	29	30	30
188	22	23	23	24	24	25	25	26	27	27	28	28	29	29	30	31	32
186	23	23	24	24	25	25	26	27	27	28	28	29	29	30	31	31	32
184	23	24	24	25	25	26	27	27	28	28	29	30	30	31	31	32	32
182	24	24	25	25	26	27	27	28	28	29	30	30	31	31	32	33	33
180	24	25	25	26	27	27	28	28	29	30	30	31	31	32	33	33	34
178	25	25	26	27	27	28	28	29	30	30	31	32	32	33	33	34	35
176	25	26	26	27	28	28	29	30	30	31	32	32	33	34	34	35	36
174	26	26	27	28	28	29	30	30	31	32	32	33	34	34	35	36	36
172	26	27	28	28	29	30	30	31	32	32	33	34	34	35	36	37	37
170	27	28	28	29	30	30	31	32	33	33	34	35	35	36	37	37	38
168	28	28	29	30	30	31	32	33	33	34	35	35	36	37	38	38	39
166	28	29	30	30	31	32	33	33	34	35	36	36	37	38	38	39	40
164	29	30	30	31	32	33	33	34	35	36	36	37	38	39	39	40	41
162	30	30	31	32	33	34	34	35	36	37	37	38	39	40	40	41	42
160	30	31	32	33	34	34	35	36	37	38	38	39	40	41	41	42	43
158	31	32	33	34	34	35	36	37	38	38	39	40	41	42	42	43	44
156	32	33	34	35	35	36	37	38	39	39	40	41	42	43	44	44	45
154	33	34	35	35	36	37	38	39	40	40	41	42	43	44	45	46	46
152	34	35	35	36	37	38	39	40	41	42	42	43	44	45	46	47	48

Einen Body-Mass-Index bis 25 bezeichnet man als Normalgewicht.

Klassifikation des BMI bei Erwachsenen (Laut WHO):

Gewichtsklassifikation	BMI (kg/m^2)
Normalgewicht	18,5 – 24,9
Übergewicht	25 – 29,9
Adipositas (Fettsucht)	30 – 39,9
extreme Adipositas	40 und mehr

Wie groß die Spanne im Bereich des Normalgewichts ist, zeigt unser Beispiel: Eine 1,70 cm große Person, 40 Jahre, hat einen BMI-Wert laut Tabelle von 21 bis 26. Das Normalgewicht liegt also zwischen 60 und 76 kg. Abnehmen ist angesagt, wenn man als gesunder Mensch einen BMI über 30 hat, ab 25 bei einer Erkrankung.

Anmerkung:
Rechenkünstler können ihren BMI-Wert mit folgender Formel auch selbst errechnen:

$$\text{BMI} = \frac{\text{Körpergewicht in kg}}{\text{Körpergröße}^2}$$

$$\text{z. B. } \frac{70}{1{,}70 \times 1{,}70} = 24{,}2$$

Grundsätzlich betrachtet, stellen Formeln und Werte bloße Orientierungshilfen dar; sie allein entscheiden noch nicht darüber, ob nun den Pfunden konsequent zu Leibe gerückt werden muß – jedenfalls nicht aus ärztlicher Sicht.

Wesentlich sind noch andere Faktoren, beispielsweise das Verhältnis von Fettgewebe und Muskelmasse. Ein durchtrainierter Sportler kann durchaus laut Berechnung Übergewicht haben, das aber seine Gesundheit keinesfalls beeinträchtigt. Dagegen kann ein Normalgewichtiger eine nicht wünschenswerte Fettverteilung aufweisen.

Die Verteilung und Form der Fettpolster kann – unabhängig von der Fettmenge – ein eigenständiger Risikofaktor sein. Die „Birnenform"-Fettpolster an Oberschenkel, Po und Hüfte sind weniger gefährlich als die „Apfelform"-Fettpolster – der typische Männerbauch. Der wird mit einem höheren Herzinfarkt-Risiko in Verbindung gebracht. Ein „Apfelbauch" liegt dann vor, wenn das Verhältnis Taille/Hüfte bei Frauen größer als 0,85 und bei Männern größer als 1,0 ist.

Eine neuere Meßgröße ist der Anteil Fettgewebe am Gesamtgewicht. Dazu wird mittels Bioimpedanzmessung die fettfreie Körpermasse und dadurch indirekt die Fettmasse bestimmt. Inwieweit sich aus dieser Messung wirklich Rückschlüsse auf eine falsche oder mangelhafte Ernährung während einer Gewichtsabnahme ziehen lassen, ist derzeit noch umstritten. Unserer Meinung nach ist lediglich eine tendentielle Kontrolle möglich, wenn Sie Gewicht verlieren und gleichzeitig durch Training an Muskelmasse gewinnen wollen. Kleinere Fettverluste (< 0,5 kg) sind kaum zu ermitteln.

Adipositas liegt bei einem Körperfettanteil von mehr als 30% bei Frauen und mehr als 25% bei Männern vor.

Woher kommt (mein) Übergewicht?

Dicke bzw. Übergewichtige als unkontrollierte Esser und Esserinnen abzustempeln, ist zu einfach und unzutreffend.

Die Ursache für Übergewicht schien lange Zeit klar und ein schlichtes Bilanzproblem zu sein: Wer mehr ißt, als der Körper verbraucht, nimmt zu. Vor allem zuviel Fett schlägt sich gerne als Pölsterchen nieder. Mangelnde Bewegung ist ebenfalls ein wichtiger Grund. Aber es gibt auch individuelle Unterschiede im Umgang mit den Kalorien. Hier einige neuere Erkenntnisse dazu.

Die Macht der Gene

Etliche Untersuchungen bestätigen den Einfluß von genetischen Faktoren bei der Entstehung von Übergewicht, zu etwa der Hälfte ist das Erbgut schuld. Gewisse Körperkonstitutionen – wie etwa breite Hüften – und der Energieverbrauch (Grundumsatz), aber auch z. T. das Eßverhalten, werden vererbt. Eine Frau mit breiten Hüften und ungünstiger Fettverwertung (s. u.) wird trotz aller Diäten nie eine Mannequinfigur erreichen. Aber: die Erbanlagen bestimmen nur, ob Sie dick werden können. Ob Sie es auch werden und wie sehr, liegt an den Umweltfaktoren, und die können Sie mitgestalten. Der wichtigere Teil ist Selbstbestimmung!

Gute und schlechte Futterverwertung

Die einen können schlemmen ohne zuzunehmen, die anderen werden schon beim Anblick von Essen dick. Ein schlanker Körper kann eine überreiche Mahlzeit oft kompensieren, indem er mehr Kalorien verbrennt und die Wärmeproduktion des Körpers steigert. Übergewichtige sind meist nicht in der Lage, überschüssige Kalorien einfach „abzufackeln" und in Form von Wärme verpuffen zu lassen.

Der Setpoint

Heute geht man davon aus, daß der Körper sich bemüht, sein Gewicht – in engen Grenzen – weitestgehend stabil zu halten. Diese Regulation übernehmen verschiedene Proteine (z. B. Leptin), Rezeptoren im Fettgewebe und verschiedene

Enzyme. Störungen in diesen Regelkreisen, die auch genetisch bedingt sein können, führen wahrscheinlich zu Übergewicht. Hier gibt es noch weiteren Forschungsbedarf. Auf jeden Fall lassen sich stabile Gewichtsveränderungen nur über einen längeren Zeitpunkt erreichen, Hau-Ruck-Diäten bringen gar nichts.

Dick durch Diäten?

Häufige und drastische Diäten, die in wenigen Tagen eine Gewichtsabnahme von mehreren Kilos versprechen, lassen den Körper glauben, es sei eine Hungersnot ausgebrochen. Er spart deshalb möglichst viel Energie ein, der Grundumsatz sinkt. Der Organismus läuft auf Sparflamme. In Notzeiten war das sinnvoll, aber heute – bei Nahrungsüberangebot und geringer körperlicher Bewegung – ist es eher ein Nachteil. Nach Beendigung der Diät bleibt der niedrige Energiebedarf erst einmal bestehen. Ißt man wieder normal, nimmt man jetzt besonders schnell zu.

Gestörtes Hunger-Sättigungs-Gefühl

Viele Übergewichtige haben das natürliche Gefühl für Hunger und Sattsein verloren. Oft werden die Weichen dafür bereits in der Kindheit gestellt. Wer als Kind seinen Teller immer leer oder sehr schnell essen mußte, wer seine Portionsgrößen nie selbst bestimmen durfte, läuft als Erwachsene/r Gefahr, dick zu werden, weil die natürliche Eßbremse nicht mehr funktioniert. Viele Übergewichtige merken nicht (mehr), wann sie satt sind, und reagieren verstärkt auf appetitanregende Außenreize oder richten sich nach der Uhr, statt nach dem Knurren des Magens (siehe Übung Seite 10).

Zu bedenken ist aber auch, daß verschiedene Lebensmittel unterschiedlich satt machen. Bei gleichem Kaloriengehalt können zwei Speisen gleich schnell sättigen, die Sattheit hält bei der einen aber länger an. Fettreiches sättigt schlechter als Kohlenhydrate und Ballaststoffe, wie z. B. in Vollkornbrot.

Übrigens kann auch Streß Hunger auslösen, so wie er bei anderen Menschen auf den Magen schlägt.

Essen als Ersatz

Essen darf nicht zum Dreh- und Angelpunkt des Daseins werden und kein Ersatz für fehlende Zuwendung oder Ventil für Ärger, Streß und Kummer sein. Dann hat Essen nichts mehr mit Genuß zu tun, sondern nur noch mit kurzfristiger Beruhigung, dem „Zustopfen" von Problemen und anschliessendem schlechten Gewissen. Im schlimmsten Fall wird hier der Grundstein für eine Eßstörung gelegt.

Derartige Gewichtsprobleme legen sich von alleine, wenn die eigentlichen Ursachen angepackt werden, notfalls zusammen mit einem Fachmann.

Essen ist ein wichtiger Teil unseres Lebens, er bringt Freude und Genuß.

Der Energiebedarf

Unsere Nahrung liefert die nötige Energie für die Körperfunktionen, für die Atmung, die Verdauung, für das Aufrechterhalten der Körpertemperatur, für die Herztätigkeit und für die Bewegungsabläufe. Diese Energie wird in den Wärmeeinheiten Kilokalorien (kcal) bzw. Kilojoule (kJ) gemessen (1 kcal = 4,2 kJ). Unser Energiebedarf setzt sich – vereinfacht gesagt – zusammen aus dem Grundumsatz und dem Arbeitsumsatz (Muskelarbeit).

Um zu wissen, wieviel Sie essen dürfen, um Ihr Gewicht zu halten oder um abzunehmen, sollten Sie Ihren Energiebedarf in etwa kennen.

Grundumsatz

Die Energiemenge für das Aufrechterhalten der Körperfunktionen, die selbst im Zustand körperlicher Ruhe – also im Schlaf – benötigt werden, nennt man Grundumsatz. Er ist in etwa mit dem Laufenlassen eines Automotors im Stand vergleichbar. Der Grundumsatz macht bei unserer üblichen körperlichen Belastung den größten Teil unseres Energieverbrauchs aus.

Die Höhe des Grundumsatzes ist nicht bei jedem Menschen gleich, sondern von verschiedenen Faktoren mitbestimmt, so z. B. durch Alter, Geschlecht, Körpergröße und -gewicht, Streß, Krankheit, Medikamente oder auch durch das Klima. Männer haben bei gleichem Gewicht aufgrund ihrer größeren Muskelmasse einen um etwa 10 Prozent höheren Grundumsatz.

Der Grundumsatz ist **erhöht** durch:

- Schwangerschaft (ab 22. Woche um ca. 10 %)
- Sport
- Streß, Nervosität
- Schilddrüsenüberfunktion (10 - 15 %)
- Fieber (bis zu 40 %)

Der Grundumsatz ist **erniedrigt** durch:

- tropisches Klima (10 - 20 %)
- Alter (Verlangsamung der Stoffwechselvorgänge)
- Depressionen
- Längeres Fasten, häufiges „Diäten" (um 10 - 40 %)

Arbeitsumsatz
Die zusätzliche Energiemenge, die für das Aktivsein im Alltag notwendig ist, wird Arbeitsumsatz genannt. Der Arbeitsumsatz ist sehr variabel und richtet sich nach der Berufstätigkeit, Bewegungsintensität und den sportlichen Aktivitäten.

Gesamtenergiebedarf
Grundumsatz und Arbeitsumsatz zusammengerechnet ergeben in etwa den Gesamtenergiebedarf.
Aufgrund der verschiedenen Einflußfaktoren hat jeder Mensch seinen eigenen Energiebedarf. Tendenziell einen relativ hohen Energiebedarf haben Jugendliche, große Menschen, Sportler und Personen, die sehr temperamentvoll, agil oder unruhig sind.

Info

Gesamtenergiebedarf

einer Frau, 164 cm, 59 kg, leichte Arbeit:

Jahre	Grundumsatz	Arbeitsumsatz	Gesamtenergiebedarf
5–50	1340 kcal	960 kcal	2300 kcal
51–64	1270 kcal	730 kcal	2000 kcal
ab 65	1170 kcal	630 kcal	1800 kcal

eines Mannes, 174 cm, 74 kg, leichte Arbeit:

Jahre	Grundumsatz	Leistungsumsatz	Gesamtenergiebedarf
5–50	1740 kcal	1160 kcal	2900 kcal
51–64	1580 kcal	920 kcal	2500 kcal
ab 65	1410 kcal	890 kcal	2300 kcal

Quelle: „Referenzwerte für die Nährstoffzufuhr" 1. Auflage 2000, Deutsche Gesellschaft für Ernährung, Frankfurt a. M.

Dagegen sinkt der Energiebedarf mit zunehmendem Alter durch nachlassende Tätigkeit der Organe und verminderte

körperliche Aktivität. Das heißt in der Regel, daß weniger Kalorien erst einmal dazu verhelfen, das Körpergewicht zu halten und eine Gewichtszunahme zu vermeiden. Deshalb ist das Abnehmen mit fortschreitendem Alter schwieriger.
Bedenken Sie, daß die in der Tabelle (gegenüberliegende Seite) angegebenen Energiewerte nur Anhaltspunkte sind. Ihren tatsächlichen Energiebedarf können Sie am besten durch fortlaufende Gewichtskontrolle, verbunden mit dem Berechnen bzw. Überschlagen Ihrer Energiezufuhr, ermitteln.

Gesunde Ernährung – Grundlage für dauerhaften Erfolg

Unsere Ernährungspläne sind so ausgewogen, daß Ihr Körper alles erhält, was er braucht, ohne daß Sie groß rechnen müssen.

Nachdem Sie sich jetzt ein Bild über Ihr persönliches Eß- und Trinkverhalten, über Ihr Ist- und über Ihr Wunschgewicht gemacht haben, stellen wir Ihnen unser Ernährungsprogramm vor, das Ihnen zu Ihrem Wohlfühlgewicht verhelfen soll.
Wir geben Ihnen dabei Empfehlungen auf der Grundlage einer gesunden Ernährung, die Sie grundsätzlich und langfristig beibehalten können – und dabei werden bzw. bleiben Sie topfit.

Wir wollen, daß Sie Ihre Gewichtsveränderung auch genießen können. Deshalb haben wir ein besonderes Augenmerk darauf gelegt, daß die Rezepte und Mahlzeiten nicht nur „gesund" sind, sondern so schmackhaft und bekömmlich, daß Sie möglicherweise bisher unverzichtbar erscheinende Gaumenfreuden nicht vermissen.
Unsere Ernährungspläne sind so zusammengestellt, daß Ihnen das lästige Kalorienzählen erspart bleibt. Essen und trinken Sie nach den verschiedenen Plänen, so nehmen Sie entweder 1200, 1500 oder 1700 Kalorien zu sich.
Es kann durchaus sinnvoll sein, einige Zeit die Kalorien überschlägig aufzuschreiben, damit Sie Speisen und Getränke kalorienmäßig einschätzen können.

Abnehmen ohne Mühe gibt es (leider) nur in der Werbung. Würden die „Werbemärchen" der Anbieter von Schlankheitsdiäten und -produkten, in denen absolut sichere Erfolge, enorme Gewichtsverluste u. ä. versprochen werden, Wirklichkeit, so wären Diäten längst überflüssig geworden.

Für gelegentliche „Extras" haben wir in unseren Plänen einen Extra-Bereich eingerichtet.
Wenn Sie abnehmen wollen, kommen Sie nicht drum herum, weniger bzw. anderes als bisher zu essen. Weniger braucht dabei nicht „Hungern müssen" zu bedeuten, wenn gesunde, sättigende Lebensmittel bevorzugt werden, die einen hohen Ballaststoffgehalt bieten, wie Getreideprodukte aus dem ganzen Korn, Naturreis, aber auch Gemüse und Obst.
Ganz entscheidend für das Genießen ist die intensive Wahrnehmung dessen, was Sie essen und trinken.
Wie Sie Ihre Sinne auf Genuß trimmen, können Sie zum Beispiel mit der Übung „Wo steckt mein Hunger?" (Seite 10) ausprobieren. Das rigorose Streichen heißgeliebter Speisen und Getränke bewirkt häufig erst recht ein nachhaltiges Verlangen danach.

Die Eckpunkte des Ernährungsprogramms

Grundlage unserer Empfehlungen ist die Vollwert-Ernährung (nach Prof. Leitzmann), die in vielseitiger, abwechslungsreicher und wohlschmeckender Zusammenstellung Gemüse, Obst, Getreide und Milchprodukte bevorzugt, und Fleisch, Fisch und Eier hintenanstellt.
Dabei sollten die Lebensmittel möglichst wenig verarbeitet werden bzw. vorverarbeitet sein.
Eine ausführlichere Darstellung günstiger bis ungünstiger Nahrungsmittel finden Sie auf Seite 35 ff.
Wir möchten, daß Sie Ihre Vorlieben und Geschmacksrichtungen berücksichtigen können. Unser Ernährungsprogramm enthält deshalb keine starren Tages- oder Wochenpläne.

Essen Sie nicht zu wenig! Die „Schallmauer" von 1200 kcal braucht in der Regel nicht unterschritten werden. Starten Sie mit 1200 kcal oder 1500 kcal und beobachten Sie dabei Ihr Eßverhalten und Ihr Körpergewicht.

Unsere Rezepte sind als Vorschläge und Anregungen zu sehen. Sie können vielfältig variiert und kombiniert werden.

Essen Sie möglichst fünf- bis sechsmal am Tag, das heißt, etwa alle 2 bis 3 Stunden etwas; so werden Heißhungerattacken vermieden.
Wie tückisch Heißhunger sein kann, kennen Sie sicher: Sie haben um 7 Uhr gefrühstückt – vielleicht sogar in Eile – weil die Familie versorgt sein will. Dann haben Sie den ganzen Haushalt geschmissen oder sind selbst zur Arbeit gehetzt. Mittags noch schnell ein kleiner Einkauf und dann fix das Mittagessen gekocht, bevor die Kinder hungrig aus der Schule kommen. Mittlerweile ist es vielleicht schon 13.30 Uhr und Ihr Hunger natürlich mächtig angewachsen. Bei Tisch und gar schon beim Abschmecken essen Sie mehr, als Sie eigentlich vorhatten. Und dann fühlen Sie sich noch nicht einmal wohl, wenn sich ein Völlegefühl einstellt und Sie womöglich obendrein das schlechte Gewissen plagt. Mit einer Zwischenmahlzeit können Sie solchen Situationen vorbeugen.

Wiegen Sie sich nicht täglich, einmal pro Woche reicht. Wer täglich, womöglich mehrmals auf die Waage steigt, macht sich zum Sklaven. Bei allem Verständnis für ein Verlangen nach konkreten Erfolgserlebnissen – Gewichtsschwankungen bis zu einem Kilo können trügerisch sein, weil sie schlicht normal sind oder z. B. durch fehlenden oder besonders erfolgreichen Stuhlgang, verschieden große Mahlzeiten oder durch Veränderungen im Wasserhaushalt bedingt.
Frauen neigen einige Tage vor ihrer Regelblutung zu hormonell bedingten Wassereinlagerungen, die bis zu zwei Kilo ausmachen können.
Ist das Verlangen, oft auf die Waage zu steigen, sehr groß, versuchen Sie es mit dem Vorsatz: „Ich wiege mich nicht mehr täglich. Ich halte es aus, nur alle 2, 3, 4 oder 7 Tage auf die Waage zu steigen."

Tagespläne mit 1200 kcal, 1500 kcal und 1700 kcal

Die Pläne sind so gestaltet, daß Sie neben den Lebensmittelgruppen die empfohlenen Tagesmengen mit dem entsprechenden Kaloriengehalt finden und rechts daneben verschiedene Austauschmöglichkeiten.

So können Sie z. B. beim 1200 kcal-Plan mit Fleisch statt der 40 g Getreide auch 60 g Vollkornbrot essen.
Oder: 40 g Käse mit 30 % Fett i. Tr. entsprechen 30 g Käse mit 45 % Fett i. Tr. oder 150 g Magerquark (siehe 1200 kcal-Plan ohne Fleisch).
Weitere Hinweise auf Austauschmöglichkeiten verschiedener Lebensmittel finden Sie bei der Besprechung der Lebensmittelgruppen. Jetzt kommt bei für Sie kritischen Lebensmitteln zum Tragen, für welche Ausrichtung Sie sich entscheiden: Für eine „leichte Menge" oder ein „gehaltvolles Bißchen". Dazwischen gibt es ab und an Kompromißmöglichkeiten, z. B. einen fetteren Käse dünner aufs etwas dickere Brot zu legen oder das Streichfett wegzulassen.

Abnehmen mit 1200 kcal pro Tag			– mit Fleisch –
Lebensmittel	**Menge**	**kcal**	**Austauschmöglichkeiten/ Empfehlungen**
Getreide	40 g	130	40 g Getreideflocken *oder* 60 g Vollkornbrot
Vollkornbrot	100 g	200	50 g Vollkornbrot und 3 Scheiben Vollkornknäckebrot
Fleisch, mager	100 g	110	130 g Fisch, mager
Kartoffeln	140 g	95	30 g Naturreis (roh) *oder* 30 g Vollkornnudeln (roh)
Gemüse	400 g	80	davon mindestens 200 g als Rohkost
Obst	250 g	130	
Käse (30 % Fett)	40 g	110	30 g Käse mit 45 % Fett i.Tr. *oder* 150 Magerquark
Milch (1,5 % Fett)	200 ml	95	gleiche Mengen Joghurt, Kefir oder Dickmilch *oder* 250 ml Buttermilch
Quark, mager	50 g	40	40 g körniger Frischkäse (20 % Fett i.Tr.) *oder* 25 g Kräuterquark (40 % Fett i.Tr.) *oder* 75 g Joghurt (1,5 % Fett) *oder* 15 g Käse (30 % Fett i.Tr.)
Getränke, kalorienfrei	1,5 – 2 l		Mineralwasser, Früchtetee, Kaffee, Kräutertee, schwarzer Tee
Butter	10 g	70	10 g Pflanzenmargarine *oder* 8 g Öl
Öl	5 g	50	
„Extras"		90	

Abnehmen mit 1200 kcal pro Tag			– ohne Fleisch –
Lebensmittel	**Menge**	**kcal**	**Austauschmöglichkeiten/ Empfehlungen**
Getreide	40 g	130	30 g Getreide + 10 g Rosinen/5 g Nüsse *oder* 40 g Getreideflocken *oder* 60 g Vollkornbrot
Vollkornbrot	100 g	200	50 g Vollkornbrot und 3 Scheiben Vollkornknäckebrot
1 Ei	55 g	80	30 g Käse (30 % Fett i.Tr.) *oder* 30 g Hülsenfrüchte*
Vollkornreis/-nudeln	40 g	130	20 g Getreide und 100 g Kartoffeln *oder* 100 g Kartoffeln und 30 g Hülsenfrüchte*
Gemüse	400 g	80	davon mindestens 200 g als Rohkost
Obst	250 g	130	
Käse (30% Fett i. Tr.)	40 g	110	30 g Käse mit 45 % Fett i.Tr. *oder* 150 g Magerquark
Milch (1,5 % Fett)	200 ml	95	gleiche Mengen Joghurt, Kefir oder Dickmilch *oder* 250 ml Buttermilch
Quark, mager	50 g	40	40 g körniger Frischkäse (20 % Fett i.Tr.) *oder* 25 g Kräuterquark (40 % Fett i.Tr.) *oder* 75 g Joghurt (1,5 % Fett) *oder* 15 g Käse (30 % Fett i.Tr.)
Getränke, kalorienfrei	1,5 – 2 l		Mineralwasser, Früchtetee, Kaffee, Kräutertee, schwarzer Tee
Butter	10 g	70	10 g Pflanzenmargarine *oder* 8 g Öl
Öl	5 g	50	
„Extras"		90	

* Hülsenfrüchte trocken gewogen

Abnehmen mit 1500 kcal pro Tag			– mit Fleisch –
Lebensmittel	**Menge**	**kcal**	**Austauschmöglichkeiten/ Empfehlungen**
Getreide	40 g	130	40 g Getreideflocken *oder* 30 g Getreide + 10 g Rosinen/5 g Nüsse *oder* 60 g Vollkornbrot
Vollkornbrot	150 g	300	100 g Vollkornbrot und 3 Scheiben Vollkornknäckebrot
Fleisch, mager	120 g	130	150 g Fisch, mager
Kartoffeln	150 g	100	35 g Naturreis (roh) *oder* 35 g Vollkornnudeln (roh)
Gemüse	400 g	80	davon mindestens 200 g als Rohkost
Obst	300 g	155	
Käse (30% Fett i.Tr.)	50 g	140	40 g Käse mit 45 % Fett i.Tr. *oder* 180 g Magerquark
Milch (1,5 % Fett)	250 ml	120	gleiche Mengen Joghurt, Kefir, Dickmilch (1,5 %) *oder* 300 ml Buttermilch
Quark, mager	50 g	40	40 g körniger Frischkäse (20 % Fett i.Tr.) *oder* 25 g Kräuterquark (40 % Fett i.Tr.) *oder* 75 g Joghurt (1,5 % Fett) *oder* 15 g Käse (30 % Fett i.Tr.)
Getränke, kalorienfrei	1,5 – 2 l		Mineralwasser, Früchtetee, Kaffee, Kräutertee, schwarzer Tee
Butter	20 g	140	20 g Pflanzenmargarine *oder* 10 g Pflanzenmargarine und 8 g Öl
Öl	5 g	50	
„Extras"		120	

Abnehmen mit 1700 kcal pro Tag			– mit Fleisch –
Lebensmittel	**Menge**	**kcal**	**Austauschmöglichkeiten/ Empfehlungen**
Getreide	40 g	130	40 g Getreideflocken *oder* 30 g Getreide + 10 g Rosinen/5 g Nüsse *oder* 60 g Vollkornbrot
Vollkornbrot	200 g	400	100 g Vollkornbrot und 6 Scheiben Vollkornknäckebrot
Fleisch, mager	120 g	130	150 g Fisch, mager
Kartoffeln	200 g	135	45 g Naturreis (roh) *oder* 45 g Vollkorn-Nudeln (roh)
Gemüse	400 g	80	davon mindestens 200 g als Rohkost
Obst	300 g	155	
Käse (30% Fett i.Tr.)	50 g	140	40 g Käse mit 45 % Fett i.Tr. *oder* 180 g Magerquark
Milch (1,5 % Fett)	250 ml	120	gleiche Mengen Joghurt, Kefir, Dickmilch (1,5 %) *oder* 300 ml Buttermilch
Quark, mager	50 g	40	40 g körniger Frischkäse (20 % Fett i.Tr.) *oder* 25 g Kräuterquark (40 % Fett i.Tr.) *oder* 75 g Joghurt (1,5 % Fett) *oder* 15 g Käse (30 % Fett i.Tr.)
Getränke, kalorienfrei	1,5 – 2 l		Mineralwasser, Früchtetee, Kaffee, Kräutertee, schwarzer Tee
Butter	20 g	140	20 g Pflanzenmargarine *oder* 10 g Pflanzenmargarine und 8 g Öl
Öl	10 g	100	
„Extras"		180	

Was wir Ihnen vorbehaltlos empfehlen

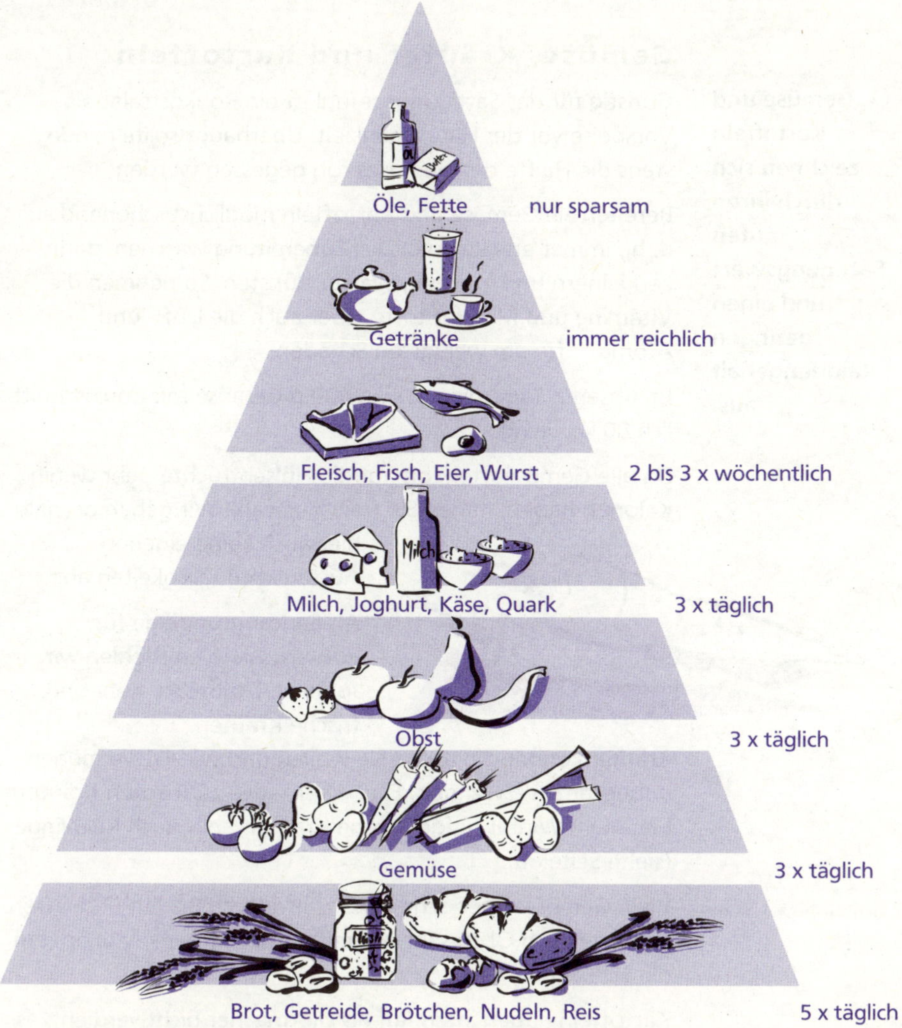

Die Ernährungspyramide bietet Ihnen eine Orientierung bei der Zusammenstellung Ihrer Vollwert-Ernährung.
Aus jeder Gruppe – außer Fleisch, Fisch, Eier – sollte täglich etwas auf dem Speisplan stehen.

Gemüse, Kräuter und Kartoffeln

Gemüse und Kartoffeln zeichnen sich durch ihren guten Sättigungswert und einen geringen Kaloriengehalt aus.

Günstig für das Sättigungsgefühl ist ein Rohkostsalat als Vorspeise vor der Hauptmahlzeit. Überhaupt sollte mindestens die Hälfte des Gemüses roh gegessen werden.

Bereiten Sie Gemüse und Kartoffeln möglichst schonend zu, d. h., immer erst kurz vor der Zubereitung waschen, dann zerkleinern und in wenig Wasser dünsten. So nehmen die Vitamine und Mineralstoffe, aber auch die Duft- und Aromastoffe am wenigsten Schaden.

Im unseren Tagesplänen sind 400 g Gemüse mit durchschnittlich 80 kcal eingeplant.

Da alle Gemüsearten, bis auf die Hülsenfrüchte, sehr wenig Kalorien haben, haben Sie freie Auswahl. Wir geben deshalb hier auch keine eigenen Austauschmöglichkeiten an.

Als Saucengrundlage für Rohkostsalate empfehlen wir Joghurt, Dickmilch, Kefir und frische Kräuter.

Kräuter können Sie so oft Sie wollen und wieviel Sie mögen unbegrenzt verwenden. Eine Alternative zu frischen Kräutern bieten im Winter tiefgefrorene Kräuter, aber auch Keimlinge (siehe Seite 80).

Viele Gemüsesorten schmecken herrlich zu Broten und lassen sich, wie auch Obst, sehr gut mit an den Arbeitsplatz oder in die Schule nehmen.

Kartoffeln haben ihren Ruf als Dickmacher nicht verdient, es sei denn, sie treten als Pommes, Chips und Bratkartoffeln auf.

Obst

Essen Sie Obst immer roh.

Obst ist besonders wegen seines hohen Vitamin-C- und Kaliumgehaltes wichtig und kann ein guter Ersatz für Süßigkeiten sein. Kalium hat eine wassertreibende Wirkung, deshalb kann ein Obst-, wie auch ein Gemüse- oder Reistag, zur „Entwässerung" – ab und zu eingeschoben – ganz sinnvoll sein (siehe Seite 64).

Die für Obst eingeplanten 130 kcal in den 1200-kcal-Plänen sind enthalten in:

Ananas, frisch	250 g	Honigmelone	250 g
Apfel	250 g	Kirschen, süß	200 g
Apfelsine	300 g	Kiwi	250 g
Aprikose	300 g	Mandarinen	300 g
Banane	150 g	Pfirsisch	300 g
Birne	250 g	Pflaumen	250 g
Erdbeeren	400 g	Weintrauben	200 g

Essen sie Obst immer roh und als Frucht, da der Sättigungswert größer als bei Kompott oder Obstsäften ist. Obst peppt Pausenbrote herrlich auf.

Getreide

Getreide und Getreideprodukte sind die wichtigsten Kohlenhydratlieferanten.

Brot, Brötchen, Gebäck und Kuchen aus Vollkornmehl, Vollkornnudeln, Naturreis usw. sind gehaltvoller an wünschenswerten Ballaststoffen, Vitaminen und Mineralstoffen und sättigen besser und nachhaltiger als helle Brot- und Teigwaren. Außerdem regen Ballaststoffe die Darmtätigkeit an und können einer Verstopfung entgegenwirken.

Vollkorn bedeutet nicht, nur auf Körnern herumzubeißen. Es gibt eine Vielzahl von Vollkornprodukten aus fein gemahlenem Getreide (z. B. aus Vollkornbäckerei, Bioladen, Reformhaus).

In der Küche können Sie helles Mehl (Type 405) nach und nach gegen Vollkornmehl (Type 1700 und mehr) austauschen. Auch Getreide kann und sollte sogar zum Teil roh gegessen werden, z. B. geschrotet in einem Müsli oder als Keimlinge (siehe im Rezeptteil).

Bei einer warmen Mahlzeit kann Getreide die herkömmliche „Fleisch-Rolle" übernehmen. Statt Frikadellen gibt es Grünkernbratlinge, Reisklopse oder mit Getreide gefülltes Gemüse (siehe Rezeptteil).

Gemüse, Obst und Getreide setzen die Schwerpunkte unseres Ernährungsprogramms. Wenn Sie sich an die angegebenen Mengen halten, werden Sie sehen, das macht satt und schmeckt gut.

Milch, Milchprodukte, Käse

Milch und Milchprodukte sind die besten Calciumquellen und liefern wertvolles Eiweiß.

Eine optimale Calciumversorgung ist ein wichtiger Grundstein zur Vorbeugung von Osteoporose (Knochenbrüchigkeit).

Beim Austausch der Milch- und Käseprodukte spielt der Fettgehalt eine nennenswerte Rolle. Je niedriger der Fettgehalt, um so mehr dürfen Sie sich prinzipiell leisten (siehe Info „Fett-Kennzeichnung"). Achten Sie auf die genauen Angaben, meistens finden Sie die Angabe „... Fett i.Tr.", manchmal aber auch die absolute Angabe in %!

100 „Milch"-Kalorien sind enthalten in:

Milch, 1,5 % Fett	200 ml	Kaffeesahne, 10 % Fett	85 g
Buttermilch, natur	250 ml	Schmand, 24 % Fett	40 g
Creme fraiche, 40 % Fett	25 g	Sahne, süß, 30 % Fett	30 g
Joghurt, natur, 3,5 % Fett	130 g	Sahne, sauer, 10 % Fett	85 g
Joghurt, mit Früchten, 3,5 % Fett	100 g		

Die in den Plänen angegebenen Milchmengen können Sie gegen die gleiche Menge aller Milchprodukte dieser Fettstufe austauschen. Nehmen Sie fettreichere Varianten, müssen Sie entsprechend weniger essen. Zum Beispiel können 50 g Magerquark durch 25 g Kräuterquark (40 % i.Tr.) ersetzt werden.

Info

Fett-Kennzeichnung

Verschiedene Fettangaben gerade bei Milchprodukten und Käse können verwirren. Was heißt was?

„Fett i.Tr." (Fettgehalt in Trockenmasse) gibt den Fettgehalt eines Käses nach Abzug des Wassergehaltes in Prozent an.

Der absolute Fettgehalt ist der tatsächliche in einem Produkt. So hat z. B. ein Gouda mit 45 % Fett i.Tr. einen tatsächlichen Fettgehalt von etwa 28 Prozent.

„Fettarm" muß nicht gleich „arm an Kalorien" bedeuten.
Eine „fettarme Dickmilch mit Früchten" z. B. kann in der zugegebenen Fruchtzubereitung viel Zucker enthalten und damit „unnötige" Kalorien liefern. Ein mit frischem Obst selbstgemischter und evtl. mit Honig oder Zucker gesüßter Naturjoghurt beugt da vor.

Die in den 1200 kcal-Plänen eingeplanten 110 Kalorien für Käse sind enthalten in:

Blauschimmelkäse, 50 % Fett i.Tr. . . . . 35 g	Hüttenkäse, 20 % Fett i.Tr. . . . . . . 110 g
Briekäse, 50 % Fett i.Tr. . . . . 35 g	Limburger, 40 % Fett i.Tr. . . . . 40 g
Camembert, 30 % Fett i.Tr. . . . . 50 g	Mozzarella, 30 % Fett i.Tr . . . . 45 g
Camembert, 45 % Fett i.Tr. . . . . 40 g	Quark, 20 % Fett i.Tr. . . . . . . 100 g
Edamer, 30 % Fett i.Tr. . . . . 40 g	Quark, 40 % Fett i.Tr. . . . . 70 g
Emmentaler, 45 % Fett i.Tr. . . . . 30 g	Quark, mager . . . . . . 145 g
Gouda, 45 % Fett i.Tr. 35 g	Schafskäse, 45 % Fett i.Tr. . . . . 45 g
Harzer, weniger als 10 % Fett . 75 g	Tilsiter, 30 % Fett i.Tr. . . . . 40 g

Wenn Sie Käse gegen Wurst austauschen wollen, was Sie wegen der Calcium-Versorgung höchstens 3x pro Woche machen sollten, haben Sie mehr davon, wenn Sie das Augenmerk auf magere Wurstsorten richten.

110 „Wurst"-Kalorien sind enthalten in:

Bierschinken . . . . 60 g	Lachsschinken . . . . 35 g
Blutwurst . . . . 30 g	Leberwurst . . . . 30 g
Cervelatwurst . . . . 20 g	Mettwurst . . . . 30 g
Corned beef . . . . 70 g	Salami . . . . 30 g
Fleischwurst . . . . 35 g	Schinken, gekocht . . . 50 g
Geflügelwurst, mager 105 g	Schinkenwurst . . . . . . 30 g

Getränke

Wir empfehlen, 1,5 bis 2 Liter am Tag zu trinken.

Ist Ihnen bewußt, wieviel Sie normalerweise trinken? (Siehe Protokoll Seite 140). Auch wenn Ihnen unsere Empfehlung utopisch hoch erscheint, versuchen Sie, diese Lücke zu füllen. Unabhängig davon, daß diese Menge für Stoffwechselvorgänge wichtig ist, füllt Flüssigkeit den Magen. Ein Glas Tee oder Wasser, vor einer Mahlzeit getrunken, sättigt schon etwas.

Bevorzugen Sie Getränke ohne Kalorien, das sind (Mineral)Wasser, Früchte- oder Kräutertee, schwarzer Tee und Kaffee.

Fette

Fette sind die Kalorienlieferanten Nummer eins.

Ein Gramm Fett liefert mit 9,3 kcal etwa doppelt soviele Kalorien wie Kohlenhydrate und Eiweiß mit 4,1 kcal.

Als Grundregel gilt, mit allen Fetten sparsam umzugehen.

Die sichtbaren Fette, z. B. Butter, Margarine, Öle und Schmalz, können mit dem FdH-Prinzip im Zaum gehalten werden. Wir empfehlen Ihnen Butter oder eine hochwertige ungehärtete Pflanzenmargarine als Streichfett und hochwertige Pflanzenöle zur Zubereitung (z. B. Sonnenblumen-, Maiskeim-, Distel- oder Olivenöl).

Den unsichtbaren Fetten in Wurst, Käse, Fertigprodukten, Süßwaren etc. und ihrer mengenmäßigen Bedeutung kommt man am besten durch Studieren der Zutatenliste auf die Spur. Die einzelnen Zutaten sind mengenanteilig in absteigender Reihenfolge aufgelistet.

Kaufen Sie keine Halbfettbutter oder Halbfettmargarine. Sie zahlen das zugemischte Wasser sehr teuer. Günstiger ist es, Butter oder „normale“ Margarine etwas dünner aufs Brot zu streichen und dazu ein Glas Wasser zu trinken.

Wir können und wollen nicht verhehlen, daß Fette ihren unbestreitbaren Wert darin haben, daß sie den Geschmack tragen und fördern. Bevor Sie also beim Abnehmen allzu Mageres nur mit langen Zähnen nagen und Ihre Gedanken dabei um anderes Leckeres kreisen, halten wir es für vertretbar, mit einem kleinen Schlag Butter oder einem Löffelchen Schmand Ihre Diät „runder" zu kriegen. (Anmerkung: Diese „Freigabe" wollen wir nicht als „Freibrief" verstanden wissen.)

Fleisch, Fisch, Eier

Tierische Lebensmittel sind traditionell *die* Eiweiß-lieferanten.

Das stimmt weiterhin, allerdings wurde im Laufe der Zeit des Guten zu viel getan, wenn man sich unsere Überversorgung an Eiweiß und die Qualitätsprobleme durch die intensive Tierhaltung vor Augen führt.

Fleisch: Es geht ohne Einbußen mit weniger und auch ohne Fleisch. Wir empfehlen bis zu zwei Fleischmahlzeiten pro Woche in einer Portion von etwa 100 g pro Person.
Wenn möglich, bevorzugen Sie Fleisch von Tieren aus artgerechter Haltung. Wo Sie dieses Fleisch kaufen können, erfahren Sie in der nächstgelegenen Beratungsstelle Ihrer Verbraucher-Zentrale.

Die für Fleisch vorgesehenen 110 Kalorien in den 1200 kcal-Plänen sind enthalten in:

Ente mit Haut	30 g	Lammkotelett	30 g
Gänsekeule	70 g	Putenbrust	100 g
Hähnchenbrust	110 g	Rindfleisch, mager	100 g
Hackfleisch, halb und halb	70 g	Schweineschnitzel, mager	100 g
Hackfleisch, Rind	70 g	Schweinekotelett, mittelfett	60 g
Kalbsschnitzel	110 g	Schweinefilet	100 g
Kaninchenfleisch	90 g		

Fisch sollte einmal pro Woche auf den Tisch.

Fisch: Außer Seefisch enthält kein anderes Lebensmittel nennenswerte Mengen an Jod. Jod ist Bestandteil der Schilddrüsenhormone und wird in Deutschland in zu geringen Mengen mit der Nahrung aufgenommen. Deshalb sollte einmal pro Woche eine (See-)Fischmahlzeit auf dem Speiseplan stehen.
Fettarme Seefische sind z. B. Kabeljau, Scholle, Seelachs, Rotbarsch, Schellfisch.

Für 110 „Fisch"-Kalorien stehen zur Wahl:

Aal	40 g	Schellfisch	140 g
Forelle	100 g	Scholle	130 g
Hering	45 g	Seelachs	130 g
Kabeljau	130 g	Seezunge	120 g
Lachs, frisch	50 g	Thunfisch	45 g
Rotbarsch	100 g		

Eier: Essen Sie nicht mehr als zwei Eier pro Woche, einschließlich der versteckten Eier, z. B. in Kuchen und Aufläufen. Da beim Kochen und Backen schnell diese Menge erreicht ist, haben wir im Rezeptteil auf spezielle Eier-Rezepte verzichtet.

Was wir Ihnen nur bedingt empfehlen

Zucker, Süßigkeiten

Derzeit vernascht jeder Bundesbürger im Jahr etwa 35 kg Zucker, das sind rund 100 g pro Tag.

Den Zucker, den Körperzellen und Gehirn zur Energiegewinnung und für Abläufe im Stoffwechsel benötigen, gewinnt der Körper selbst, indem er Kohlenhydrate, die als Stärke in Getreideprodukten, Kartoffeln, Hülsenfrüchten und Gemüse enthalten sind, entsprechend verarbeitet. Die Verdauung dieser Lebensmittel erfolgt langsam, der Zucker wird dadurch „tropfenweise" ans Blut abgegeben.

Reiner Zucker, auch isolierter Zucker genannt, wie er in Süßigkeiten, süßen Speisen und Getränken (siehe Tabelle Seite 46) enthalten ist, wird dagegen schnell verdaut und gelangt überfallartig ins Blut. Bei diesem Zuckerstrom setzt der Körper große Mengen des Hormons Insulin frei, weil Insulin für den schnellen Abtransport des Zuckers aus dem Blut in die Körperzellen sorgt. Dadurch fällt der Zuckerspiegel im Blut rapide ab. Der Körper reagiert zum Ausgleich mit Heißhunger auf Süßes. Instinktiv reagieren wir dann richtig, wenn wir weiter naschen. Dadurch kommt es zu einer erneuten Insulinausschüttung – der Teufelskreis beginnt von neuem (siehe Grafik gegenüber).

Isolierte Zucker enthalten darüber hinaus praktisch keine bzw. nur sehr wenig lebensnotwendige Nährstoffe, sie zählen damit zu den eher nicht empfehlenswerten Lebensmitteln. Zucker kann aufgrund seiner mangelnden Sättigungswirkung zu einer größeren Nahrungsaufnahme führen und so zur Entstehung von Übergewicht beitragen. Wir möchten Ihnen aber nicht den „süßen" Genuß madig machen. Bei vielen Menschen besteht eine natürliche Vorliebe für die Geschmacksempfindung süß. Wer weniger Süßes konsumieren möchte, kann seine Geschmacksschwelle für süß senken, indem langsam immer weniger Zucker verwendet wird und

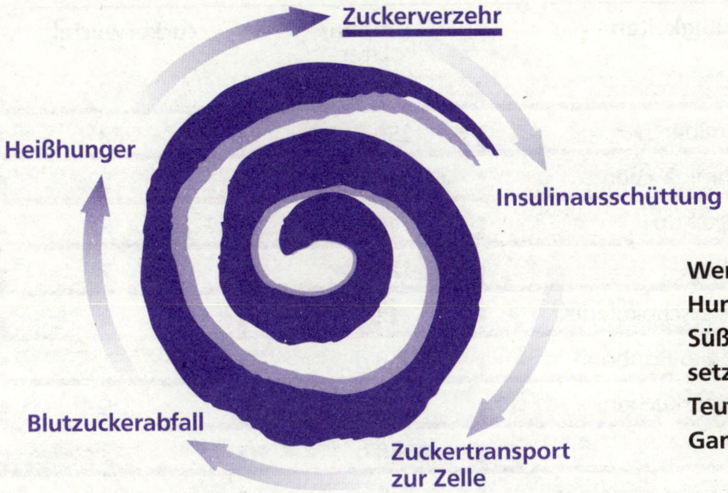

Wer seinen Hunger mit Süßgkeiten stillt, setzt einen Teufelskreis in Gang.

weniger Süßigkeiten gegessen werden. Nach einer gewissen Zeit erleben Sie geringer gesüßte Speisen ebenso intensiv und geschmackvoll wie vorher die stärker gesüßten. Ein praktischer Tip für die Reduzierung von Zucker und zuckerhaltigen Produkten, z. B. Limonaden, Cola-Getränken, Gebäck, Kuchen, Brotaufstrichen, Obstkonserven, Milcherzeugnissen: schauen Sie auf die Zutatenliste der Lebensmittelpackung. Wenn Zucker oben aufgeführt ist, ist viel drin, wenn er unten aufgeführt ist, wenig. Berücksichtigen Sie, daß andere Zuckerarten mit unterschiedlicher Bezeichnung den Gesamtzuckergehalt regelrecht nach oben schnellen lassen können.

Hinter Zucker verbergen sich insbesondere Substanzen, die mit „ose" (z. B. Dextrose, Fructose, Galaktose, Glukose, Lactose, Maltose, Saccharose), mit „sirup" (z. B. Glukosesirup, Invertsirup) enden oder mit „Malto" (z. B. Maltoextrakt, Maltodextrin) beginnen.

Wo sich Zucker versteckt

Süßigkeiten	Gramm/ Liter	Zuckerwürfel
1 Duplo	18 g	2
1 Tüte Gummibärchen	250 g	63
5 Stück Gummibärchen	10 g	2
2 Eßlöffel Ketchup	40 g	2
1 Kinderjoghurt	125 g	7
1 Riegel Kinderschokolade	12 g	2
1 Kinder Schoko-Bonbon	6 g	1
1 Stück Marmorkuchen	80 g	5
1 Mars	58 g	13
2 Tl Nuß-Nougat-Creme	20 g	4
1 Praline	12 g	2
1 Schokoladenkuss	20 g	5
1 Snickers	60 g	11
1 Portion Smacks	30 g	5
1 Vanille-Milch-Shake	0,25 l	11
1 Glas Limonade	0,2 l	8
1 Glas Cola	0,2 l	7

* 1 Zuckerwürfel = 3 g

Süßstoffe

Viele Lebensmittel sind mit Süßstoffen oder Süßstoffmischungen gesüßt, vor allem Cola- und Limonadengetränke, Süßigkeiten, Milcherzeugnisse mit Fruchtzubereitungen, Marmeladen und Obstkonserven. Verwendet werden zur Zeit die Süßstoffe Cyclamat, Saccharin, Aspartam, Acesulfam K, Neohesperidin und Thaumatin.

Bedenkenlos sollten wir Süßstoffe aus folgenden Gründen nicht verwenden:

■ Süßstoffe halten oder erhöhen sogar die Reizschwelle für die Geschmacksempfindung „süß".

■ Allgemein gelten die meisten Süßstoffe als gesundheitlich unbedenklich. Eine einheitliche Bewertung gibt es allerdings nicht. So sind in einigen Ländern verschiedene Süßstoffe nicht zugelassen. Die Weltgesundheitsorganisation (WHO) hat Höchstmengen für den täglichen Verbrauch empfohlen. Die jeweiligen Werte gelten nur für gesunde Erwachsene, also nicht für Kinder, Schwangere, ältere und schwächere Menschen. Mit Süßstoffgemischen sind Anbieter aus dem Schneider: Die einzelnen Höchstwerte werden nicht so schnell erreicht, und für Süßstoffgemische gibt es keine Höchstmengenempfehlungen.

■ Mit Süßstoffen nimmt man nicht ab. Untersuchungen zeigen, daß Süßstoff-Liebhaber/innen im Durchschnitt nicht schlanker sind als Normalesser/innen!

■ Süßstoffe führen nicht zu einem geringeren Zuckerkonsum. Die Statistik zeigt, daß trotz steigendem Süßstoffverbrauch der Zuckerverbrauch nicht gesunken, sondern mitgeklettert ist.

■ Oft haben die Süßstoffe nur Alibifunktion!
Standardbeispiel: Was spart mehr Kalorien? Der Kaffee, mit Süßstoff gesüßt, als Freibrief für ein dickes Stück Sahnekuchen – oder Kaffee mit Zucker und einem Stück Obstkuchen ohne Sahne?

Unsere Empfehlung:
Machen Sie sich von Süßstoffen unabhängig und trainieren Sie Ihr Geschmacksempfinden Schritt für Schritt in Richtung „weniger süß".

Süßstoffe sind synthetisch hergestellte Stoffe, die etwa 30- bis 3000mal so süß sind wie Zucker, sie liefern dagegen keine oder nur wenige Kalorien.

Weißes Mehl und helle Back- und Teigwaren

Aus dem bloßen Stärkekörper des Getreidekorns gewonnen und dessen kostbarer Teile, Randschichten und Keimling, „beraubt", enthalten helle Mehle (z. B. Type 405) nur wenig Mineralstoffe, Vitamine und Ballaststoffe. Außerdem ist ihr Sättigungswert geringer.
Deshalb ist eine Umstellung auf Vollkornprodukte sinnvoll. Ersetzen Sie nach und nach Brot und Brötchen aus hellem Mehl gegen solche aus Vollkornmehlen. Fragen Sie in Ihrer Bäckerei nach Brot aus dem ganzen Getreidekorn. Dreikorn- oder Mehrkornbrot ist oft aus hellem Mehl unter Zugabe von Ölsaaten, z. B. Sesam, Leinsamen, Sonnenblumenkernen, gebacken.
Für Kuchen, Gebäck und Pfannkuchen empfiehlt es sich, den Vollkornmehlanteil zu erhöhen, d. h. zu Beginn nehmen Sie z. B. 1/3 Vollkornmehl und erhöhen den Anteil mit der Zeit. Bei der Zubereitung von Nudeln mischen Sie einfach helle und dunkle Nudeln, bis Ihnen die herzhaften Vollkornnudeln besser schmecken.

Zusatzstoffe und Fertigprodukte

Zusatzstoffe verbergen sich in den meisten (vor)gefertigten Nahrungsmitteln.

Es ist kaum möglich, Zusatzstoffen aus dem Weg zu gehen. Seien es Konservierungsstoffe, Emulgatoren, Geschmacksverstärker, Farbstoffe o. a. Ihre gezielten Wirkungen ermöglichen es den Herstellern, ihre Produkte – zum Teil nach einer sehr aufwendigen und mitunter brutal anmutenden Verarbeitung – haltbar, ansehnlich, schmackhaft, farbenfroh und „pflegeleicht" anzubieten. Zum Beispiel ermöglichen Emulgatoren das Mischen von Öl und Wasser bei Margarine, gleichen Geschmacksverstärker das fade Aroma bei Fertiggerichten aus, schützen Konservierungsstoffe Fertigsalate vor Schimmelbefall, bieten Farbstoffe beim Pudding auch was fürs Auge. So ist der Lebensmittel-Technologe zum Food-Designer geworden, der Nahrungsmittel kreiert, die sich die Natur nicht zu erträumen gewagt hat. Bei nicht oder gering verarbeiteten Lebensmitteln sucht man Zusatzstoffe in aller Regel vergeblich, weil sie nicht notwendig sind.

Viele Zusatzstoffe sind umstritten. Einige können bei entsprechender Empfindlichkeit Allergien auslösen. Andererseits ist eine generelle Verteufelung der Zusatzstoffe nicht angebracht. Denn auch unbedenkliche Stoffe wie das Vitamin C (L-Ascorbinsäure) als Antioxidationsmittel, das aus Algen gewonnene Verdickungsmittel Agar-Agar oder das als Überzugsmittel verwendete Bienenwachs sind Zusatzstoffe.

Fast alle Zutaten – und damit auch die Zusatzstoffe, die in verpackten Lebensmitteln enthalten sind, müssen in der Zutatenliste stehen. Die Zutat, die in der größten Menge enthalten ist, steht am Anfang der Aufzählung, die Zutat mit der geringsten Menge an letzter Stelle. Für die Kennzeichnung von Zusatzstoffen gilt, dass nach dem sogenannten Klassennamen (z. B. Konservierungsstoff) entweder der Name (z. B. Sorbinsäure) oder die europaweit gültige E-Nummer (hier E 200) auf der Zutatenliste stehen. Wenn Sie detailliertere Informationen wünschen, z. B. auch darüber, was sich hinter dem Emulgator Hydroxypropymethylcellulose verbirgt, schlagen Sie im Ratgeber „Was bedeuten die E-Nummern" der Verbraucher-Zentralen nach.

Auch wenn der Blick auf die Zutatenliste viel über das Lebensmittel aussagt, alles verrät sie noch lange nicht. So ist nicht erkennbar, ob der Fruchtzubereitung eines Joghurts Farbstoffe zugesetzt wurden, welche der 300 möglichen technischen Hilfsstoffe Verwendung fanden oder ob Enzyme

eingesetzt wurden. Gar keine Zutatenliste finden Sie bei:
- Alkoholischen Getränken über 1,2 Vol% (außer Bier)
- Einzeln verkauften Zuckerwaren, z. B. Osterhasen
- Lebensmitteln in sehr kleinen Verpackungen
- Bei kleinen Portionspackungen, z. B. für Gaststätten

Bei lose angebotenen Lebensmitteln, z. B. Brot, Backwaren, Wurst, Käse, müssen lediglich verschiedene Zusatzstoffe (z. B. Farbstoffe, Konservierungsstoffe, Phosphate und Schwefel) auf einem Schild, Plakat oder Infoblatt benannt werden.

In der Regel gilt, je weiter ein Lebensmittel ver- bzw. bearbeitet ist, um so höher ist der Einsatz von Zusatzstoffen. Die Herstellung und die Haltbarmachung vieler Fertigprodukte erfordert darüber hinaus einen mehr oder weniger hohen Einsatz von Verpackung und Energie (z. B. bei Tiefkühl-Gerichten).

Geben Sie frischen Lebensmitteln den Vorzug und entscheiden Sie selbst über die Zutaten, die Ihren Gaumen kitzeln sollen.

Kochsalz

Stark gesalzene Lebensmittel regen den Appetit an und erzeugen häufig starken Durst, der nicht immer mit kalorienfreien Getränken gelöscht wird. Zum Würzen eignen sich genau so gut frische, gefrorene oder getrocknete Kräuter und Gewürze.
Hohe Salzgehalte verstecken sich in Brühwürfeln, gepökelten Fleisch- und Wurstwaren, Schmelzkäse, Weichkäse, Konserven, Fertigprodukten, sauer Eingelegtem, Salzgebäck und verschiedenen Mineralwässern.
Achten Sie beim Einkauf darauf, an welcher Stelle Salz in der Zutatenliste steht.
Für die Zubereitung Ihrer Speisen empfehlen wir Ihnen jodiertes Speisesalz.

Alkoholische Getränke

Alkohol liefert viele Kalorien und regt zudem den Appetit an. Deshalb sollten alkoholische Getränke nicht nur beim Abnehmen sparsam getrunken werden. Gegen ein gelegentliches Glas Bier oder Wein ist allerdings nichts einzuwenden.

Einige kcal-Gehalte:

1 Glas Bier 0,2 l	85 kcal	1 Glas Sekt, süß 0,1 l	110 kcal
1 Glas Wein, weiß 0,15 l	120 kcal	1 Glas Weinbrand 0,2 cl	50 kcal
1 Glas Wein, rot 0,15 l	110 kcal	1 Glas klarer Schnaps 0,2 cl	45 kcal

Light-Produkte

Viele Lebensmittel gibt es in „Light"-Versionen, wobei sich dieser Begriff auf verschiedene Eigenschaften des herkömmlichen Produktes beziehen kann. Light-Produkte sind um „Problembestandteile" erleichtert und sollen den Genuß mit besserem Gewissen oder einer besseren Bekömmlichkeit erlauben.

Meistens unterscheiden sich Light-Varianten von ihrem Stammprodukt dadurch, daß sie kalorienärmer gemacht sind. Sie können aber auch einfach nur „leicht bekömmlich" sein, oder sie sind „leicht", weil sie mittels Luft oder Stickstoff zu größerem Volumen aufgeschäumt sind. „Light-Mineralwasser" wurde wenig oder gar keine Kohlensäure zugesetzt, „Light-Bier" enthält weniger Alkohol und „Light-Kaffee" verspricht Genuß mit weniger Koffein.

Bei den kalorienärmeren Light-Produkten werden energiereiche Inhaltsstoffe vermindert oder ganz herausgenommen und durch energieärmere oder -freie Stoffe ersetzt:
Fett durch Wasser, Quellstoffe, Eiweiß, Kohlenhydrate oder Fettersatzstoffe, **Stärke** durch Quell- und Füllstoffe und Wasser, **Zucker** durch Süßstoffe und/oder Zuckeraustauschstoffe.

Damit Light-Produkte trotz ihrer „Abspeckung" so aussehen und schmecken wie ihre Ursprungsprodukte, erfahren sie oft eine aufwendige Verarbeitung.

Steht „light" in Bezug zum Kalorien- oder Nährstoffgehalt, muß eine Brennwertverminderung bzw. Nährstoffverminderung von mindestens 30 % gegenüber dem Brennwert bzw. Nährwert vergleichbarer herkömmlicher Lebensmittel erreicht sein.

Light-Produkte helfen oft nur vordergründig Kalorien sparen. Oft ißt man mehr im Glauben, die kalorienerleichterte Nahrung schlägt nicht so sehr zu Buche, u. U. unterstützt durch deren geringeren Sättigungswert. Zudem bleiben viele Produkte, wie Käse oder Schokolade, auch „gelightet" immer noch Kalorienbomben. Selbst ein normaler Sahnequark unterbietet noch einen Light-Rahmfrischkäse im Kaloriengehalt. Das Aufschäumen mit Luft, z. B. bei Cremes, läßt das Produkt zwar größer erscheinen, hat aber mit Kalorienreduzierung nichts zu tun. Oft zahlt man für kalorienfreie „Zutaten", wie Luft und Wasser, auch noch ordentlich drauf.

Unsere Empfehlung: Schaffen Sie sich Ihre eigene Light-Kost – durch „leichtere" Portionen bzw. durch eine bewußtere Auswahl von Natur aus leichterer Nahrungsmittel.

Niemand ist vollkommen

Etliche der zuvor zu bedenken gegebenen Lebensmittel gehören der „fies-guten" Kategorie an. Fies-gut deshalb, weil sie so leicht und locker munden, andererseits aber auch was „Fieses" an sich haben, wenn sie mit viel Zucker, Fett oder Alkohol zu beschwerendem Genuß verführen. Ganz ohne „Leckereien" geht es nicht. Deshalb haben wir in unseren Kalorienplänen einen „Extra"-Bereich eingeführt. Damit können Sie bewußt Ihren Schmacht einplanen und voll genießen.

Was ist wenn...? – Beim Abnehmen auftretende Fragen und Probleme

An dieser Stelle wollen wir Ihre letzten Bedenken wegräumen und auf einige absehbare Erschwernisse bzw. auf landläufige Vorurteile eingehen, die auch in Kursen und Beratungsgesprächen immer wieder an uns herangetragen werden.

? Wie lange kann dieses Ernährungsprogramm durchgeführt werden?

Unser Programm kann bis zum Erreichen Ihres Wunschgewichtes durchgeführt werden, da es sich um eine vollwertige Ernährung handelt, in der alle für den Körper notwendigen Nährstoffe enthalten sind. Wenn Sie Ihr Wunschgewicht erreicht haben, können Sie die Lebensmittelauswahl beibehalten und brauchen lediglich die Mengen zu erhöhen. Siehe Seite 58.

? Warum geht das Abnehmen immer langsamer?

Die starke Gewichtsabnahme in den ersten Tagen ist bei jeder Schlankheitskur auf einen hohen Wasserverlust zurückzuführen. In dieser Zeit wird noch kein Fettdepot angegriffen – diese harte Arbeit beginnt erst später. Außerdem arbeitet der Körper – wenn wenig gegessen wird – auf Sparflamme.

? Warum friert man beim Abnehmen?

Der Körper schaltet in dieser „Notsituation" auf Sparflamme. Das heißt, er stellt weniger Energie für die Wärmebildung zur Verfügung. Regelmäßige Gymnastikübungen, ein strammer Spaziergang oder Wechselduschen können Abhilfe schaffen.

? Bekomme ich auch keine Falten?

Bei unserem Ernährungsprogramm brauchen Sie sich vor Falten nicht zu fürchten, denn das Abnehmen erfolgt viel langsamer als bei einer Crash-Diät.
Wollen Sie aber grundsätzlich einer Faltenbildung vorbeugen, können Sie Ihrem Körper durch Gymnastik und Bewegung helfen, daß Ihre Haut straffer wird. Durch regelmäßige Bewegung wird außerdem der Energiebedarf erhöht, das Abnehmen fällt leichter.

? Warum sieht man mir zuerst im Gesicht an, daß ich dabei bin, abzunehmen?

Zum einen, weil Ihr Gesicht immer „unbekleidet" ist.
So wie Fettpölsterchen durch Kleidung geschickt kaschiert werden können, so kann Kleidung ihrerseits auch eine Zeitlang verhüllen, daß Ihre Pölsterchen gerade abgebaut werden.
Zum anderen gibt es aufgrund vieler entsprechender Beobachtungen eine unseres Erachtens durchaus einleuchtende Erklärung, über die sich die Wissenschaftler allerdings noch streiten: Der Körper scheint es sich leicht machen zu wollen, wenn es ans Abnehmen geht. Erst nimmt er sich die für ihn leichteren Stellen wie Gesicht und Oberarme vor und wagt sich erst dann an die „dicken Brocken" wie Bauch und Po. Gezielt an bestimmten Stellen abnehmen zu wollen, klappt meistens nicht.
Mit Geduld und zusätzlich mit spezieller Gymnastik bekommen Sie auch die meisten Ihrer „kritischen" Stellen in den Griff.

? **Nimmt man während der Regel zu?**
Keine Sorge. Eine Gewichtszunahme bis zu zwei Kilogramm vor und während der Periode ist normal, da der Körper in diesen Tagen hormonell bedingt zu Wassereinlagerungen neigt. Das angesammelte Wasser und damit auch die Kilos verschwinden nach zwei bis drei Tagen wieder.
Studien weisen auch darauf hin, daß vor der Periode der Appetit gesteigert ist. Achten Sie in dieser Zeit auf regelmäßige Zwischenmahlzeiten.

! **Wichtige Tips zur Körperpflege:**
Als vielleicht unangenehme Begleiterscheinung beim Abnehmen machen sich häufig Mund- und Körpergeruch bemerkbar. Lassen Sie sich dadurch aber nicht beirren, sondern stellen Sie sich bei Ihrer Körperpflege darauf ein. Putzen Sie mehrmals täglich die Zähne, spülen Sie immer mal wieder den Mund mit Wasser aus und vergessen Sie das Trinken nicht. Für die Körperpflege empfehlen wir neben dem Duschen Hautbürstungen. Trockene, spröde Haut kann zusätzlich durch Eincremen behandelt werden.

! **Ich vertrage kein rohes Gemüse!**
Sie müssen nicht gleich am ersten Tag „Berge" von rohem Obst und Gemüse, Vollkornbrot und Müsli essen. Der Magen-Darm-Trakt muß sich erst daran gewöhnen, größere Ballaststoffmengen zu verarbeiten. Bauen Sie nach und nach immer mehr ballaststoffreiche Lebensmittel ein. Beginnen Sie vielleicht mit einem Rohkostsalat als Vorspeise.
Rohes Gemüse ist leichter verdaulich, wenn Sie es sehr fein raspeln und gründlich kauen. Wenn Ihnen die Salate bekommen, erweitern Sie das Angebot durch Brot und Gebäck aus Vollkornmehl und später durch einen Frischkornbrei.

? **Kalorienzählen als Lebensaufgabe?**

Halten Sie sich nicht nur verbissen an Kalorientabellen. Wenn Sie Ihr Gewicht halten möchten, reicht es, sich vernünftig und in Maßen zu ernähren: viel Gemüse, Obst und Vollkornprodukte; Fett und Alkohol reduzieren und die Bewegung nicht vergessen.

! **Ich bin doch berufstätig!**

Ihr Beruf muß kein Hindernis sein, um unser Ernährungsprogramm angehen und durchhalten zu können. Sie sollten allerdings Ihren täglichen Speiseplan (sorgfältig) planen, rechtzeitig einkaufen und möglichst wenig dem Zufall überlassen.

Die Mahlzeiten, die zu Hause gegessen werden, sind ohnehin kein Problem. Schwieriger ist es außer Haus.

Wenn Sie gewohnt sind, mittags in einer Kantine zu essen, sollten Sie den Kaloriengehalt der Gerichte kritisch überprüfen. Kantinenessen enthalten häufig 600 bis 800 kcal.

Einfacher geht es, wenn Sie sich das Essen selber zusammenstellen können. Wählen Sie gedünstetes Gemüse, Rohkostsalate (mit wenig Dressing), Kartoffeln/Nudeln/Reis und nur wenig oder gar kein Fleisch. Achtung bei Soßen und sichtbarem Fett (abschneiden). Eine Alternative ist auch klare Suppe mit Brot dazu.

Unabhängig davon, daß man nicht unbedingt jeden Tag etwas Warmes essen muß, können Sie die warme Mahlzeit auch auf den Abend verlegen und mittags belegte Brote mit Obst und Gemüse oder Joghurt/Quark mit Obst oder auch Müsli essen.

? Was ist, wenn ich eingeladen oder selbst Gastgeber/in bin?

Einladungen oder eigene Gäste drohen häufig, den ausgeklügelten Ernährungsplan und die guten, festen Vorsätze zum Scheitern zu bringen.
Zugegeben, immer „nein danke“ sagen zu müssen oder das Gefühl zu haben, etwas besonders Gutes nicht essen zu dürfen, ist hart. Soweit brauchen Sie es gar nicht kommen zu lassen, wenn Sie ein paar Ratschläge beachten:

- Sparen Sie in den Tagen vorher und nachher Kalorien ein.
- Wählen Sie beim Festessen oder Buffet mehr Gemüse oder Salate, die Ihnen weniger kalorienreich erscheinen, als Fleisch und Aufschnitt.
- Lassen Sie ruhig Reste auf dem Teller, Sie werden dann weniger gedrängt, nachzunehmen.
- Sagen Sie zwischendurch mal sich und anderen „Nein, danke, im Augenblick nicht“.
- Essen und trinken Sie langsam.
- Trinken Sie Alkohol nur in kleinen Mengen. Wein läßt sich gut mit Wasser mischen.
- Lassen Sie sich nicht durch die Bemerkungen anderer Gäste irritieren.
- Wenn getanzt wird, lassen Sie sich nicht zweimal bitten.
- Geben Sie doch mal statt einer Sitz-Party eine Aktiv-Fete.
- Testen Sie mal gemeinsam mit Ihren Gästen einige Gerichte aus unserem Rezeptteil.

Wie halte ich mein neues Gewicht?

Nach Ihrem Erfolg sollten Sie sich bemühen, das neue Gewicht auch zu halten. Verfallen Sie nicht wieder dem alten Trott, halten Sie sich an die Mengenverhältnisse der einzelnen Lebensmittelgruppen zueinander.

Wenn Sie Ihr erreichtes Wunschgewicht dauerhaft halten wollen, brauchen Sie sich eigentlich nur weiterhin an unseren Empfehlungen zu orientieren und lediglich die Mengen der einzelnen Lebensmittelgruppen zu erhöhen.

Kalorien langsam hochfahren

Steigern Sie nach dem Diätende die Kalorienzufuhr langsam. Haben Sie sich bisher an den 1200 kcal-Plan gehalten, so orientieren Sie sich langsam in 100 kcal-Schritten am 1500 kcal-Plan und bleiben bei diesen Mengen etwa zwei Wochen. Danach befolgen Sie den 1700 kcal-Plan für ebenfalls zwei Wochen. Bleibt Ihr Gewicht konstant oder nehmen Sie dabei noch weiter ab, so können Sie die Kalorienmenge weiter erhöhen. Nehmen Sie zu, kehren Sie zur vorigen Stufe zurück und probieren die Steigerung nach einer Woche noch einmal. Unsere Rezepte sind so gestaltet, daß Ihnen die Aufstockung der Kalorienmenge erleichtert wird. Wollen Sie von 1200 kcal auf 1500 umsteigen, so kann das Plus von 300 kcal ausgefüllt werden, z. B.

- mit zwei Zwischenmahlzeiten à 150 kcal oder
- mit einem Frühstücksvorschlag à 250 kcal und 50 kcal für die „Extras" oder
- aus der Kategorie Mittagessen mit 400 kcal, ggf. in der Menge ein wenig reduziert.

Oder aber Sie bleiben bei 1200 Tageskalorien und nutzen den gewonnenen Spielraum für die Extras. Halten Sie dann aber fest, was und wieviel Sie sich extra leisten.

Helfershelfer zum Langzeiterfolg

Übergewicht entsteht nicht in wenigen Tagen, sondern durch jahrelange ungünstige Eß- und Trinkgewohnheiten. Wer langfristig dem Übergewicht zu Leibe rücken will, muß dies auf mehreren Ebenen, evtl. sogar gleichzeitig, tun.

Da ist zum einen das Essen und Trinken, das reduziert oder verändert werden soll. Darauf haben wir in diesem Ratgeber den Schwerpunkt gelegt. Hinzu kommen – und das wollen wir nicht unerwähnt lassen – das Eßverhalten, die körperliche Bewegung (ganz wichtig!), die Psyche und der Umgang mit sich selbst. Berücksichtigt man diesen ganzheitlichen Ansatz, so kann mit weiteren Schritten der Erfolg gefestigt und gesteigert werden. Die Unterstützung in einer Gruppe von Gleichgesinnten ist hier sehr sinnvoll.

Positiv denken

Nehmen Sie „Ausrutscher" nicht so tragisch, und werfen Sie nicht all Ihre bisherigen Bemühungen über den Haufen.
Ein reichhaltiges Essen oder gar ein „Schlemmertag" passieren schon mal und sollten nicht zu der Haltung führen „Jetzt ist es auch egal!" Denken Sie daran, Lebensgewohnheiten können nur in kleinen Schritten verändert werden. Rückfälle sind normal!
Versuchen Sie, mehr Sport zu treiben und immer wieder das „richtige Essen" zu praktizieren. Seien Sie nicht zu streng mit sich!

Das Eßverhalten

Eß- und Trinkgewohnheiten gehören zu den stabilsten Verhaltensweisen eines Menschen, da sie schon in der Kindheit geprägt werden. Aber was man gelernt hat, kann man durch Umlernen verbessern. Nur geht das nicht über Nacht und nicht alles auf einmal.
Hier ist es realistisch, Schritt für Schritt voranzugehen und sich über kleine Veränderungen und Erfolge zu freuen.
Pauschalempfehlungen nützen nichts, denn jede/r hat andere Vorlieben und Schwächen beim Essen. Fangen Sie am besten mit solchen Veränderungen an, die Ihnen leicht fallen, die schwereren können später folgen. Dann sind Sie durch Ihre bisherigen Erfolge so motiviert, daß Ihnen die nächsten Schritte leichter fallen.

Check

Alte Essensweisheiten – immer noch aktuell

Testen Sie mal für sich, was Sie schon tun, noch lassen oder noch angehen könnten.

- [ ] Ich mache es mir bzw. uns zum Essen schön, mit hübschem Geschirr und am nett gedeckten Tisch.
- [ ] Ich nehme kleine Bissen und kleine Schlucke in den Mund.
- [ ] Ich kaue jeden Bissen gründlich und genüßlich.
- [ ] Ich trinke vor den Mahlzeiten nach Möglichkeit keinen Alkohol, der den Appetit anregt, sondern kohlensäurehaltiges Wasser.
- [ ] Ich plane fünf bis sechs Mahlzeiten pro Tag ein.
- [ ] Wenn ich das Gefühl habe, zwischen den Mahlzeiten etwas essen zu müssen, versuche ich zunächst, mich durch eine Beschäftigung abzulenken oder ich trinke etwas Warmes.
- [ ] Ich esse nicht mehr so oft im Gehen oder Stehen, sondern an einem festen Eßplatz.
- [ ] Während des Essens tue ich nichts anderes – also nicht fernsehen, lesen, spielen.
- [ ] Die Essensreste räume ich gleich ab. Resteessen und das Abschmecken von Mahlzeiten summieren sich manchmal zu einer zweiten Portion.
- [ ] Ich lasse mich nicht mehr so oft durch Düfte zum Essen verleiten.
- [ ] Ich muß auf Parties, Festen etc. nicht mehr alles vom Buffet kosten.
- [ ] Nach dem Einkauf „nasche" ich beim Einräumen nicht zu viel.
- [ ] Ich esse nicht mehr so oft und viel Süßes, sondern mache daraus etwas „Besonderes".

Belohnungen unterstützen den Erfolg

Abnehmen ist ein hartes Stück Arbeit! Auf gewohnte Mengen wird verzichtet, neue Eßgewohnheiten werden eingeübt, das Denken kreist (noch mehr) ums Essen, Selbstbeherrschung ist gefragt. Sie müssen nicht nur gegenüber sich selbst, sondern vielleicht auch gegenüber Familie, Freunden oder Bekannten bei der Stange bleiben. Für diese Anstrengungen und Ihr Durchhaltevermögen haben Sie sich wirklich eine Belohnung verdient. Überlegen Sie einmal, was Ihnen – außer einer Kalorienbombe oder anderen Schlemmerei – Spaß machen würde und Sie vielleicht immer einmal tun wollten, wofür Sie sich aber nie die Zeit oder das Geld gegönnt haben.

Einige Anregungen für Ihre Belohnung:

- Blumen kaufen
- ins Kino/Konzert gehen
- ein spannendes Buch lesen
- in die Sauna gehen
- zur Kosmetikerin gehen
- eine neue Frisur zulegen
- sich einige Massagen leisten
- einen Tages- oder Wochenendausflug machen
- Freunde besuchen oder einladen
- einen Stadtbummel machen
- ein neues Hobby zulegen
- Fußball- oder Sportveranstaltung besuchen

Bewegung und körperliche Aktivitäten helfen beim Abnehmen und beim Gewichthalten und sorgen für körperliches Wohlbefinden, Leistungs- und Konditionssteigerung.

Bewegung ist wichtig

Ein regelmäßiges Ausdauertraining von mindestens fünf Minuten pro Tag regt schon die Atemtätigkeit an und „belüftet" die Lungen besser. Das Herz schlägt schneller und kräftiger, wird dadurch belastbarer und besser mit Sauerstoff versorgt. Außerdem erhöhen regelmäßige Bewegung und Sport den Grundumsatz. Wer weniger ißt und gleichzeitig Sport treibt, nimmt wesentlich besser ab als Personen ohne sportliche Betätigung. Gleichzeitig verhindert Sport, daß Muskelmasse beim Abnehmen abgebaut wird (was ja unerwünscht ist). Denn Abnehmen ohne Sport bedeutet nicht automatisch eine gute Figur. Die erzielt man erst durch entsprechendes Training.

Wählen Sie für sich eine Sportart aus, die Ihnen Spaß macht und für Sie ohne großen Aufwand durchzuführen ist. Besonders Walken (schnelles Gehen), Laufen, Schwimmen und Radfahren sind geeignete Sportarten, um die Ausdauer zu steigern.

Nutzen Sie jede Gelegenheit, sich zu bewegen. Sie müssen nicht gleich über Hürden springen oder Bestzeiten erzielen. Ein durch Bewegungsmangel geschwächter Körper muß erst ganz langsam wieder fit gemacht werden.

Es gibt genügend einfache Möglichkeiten, sich zu bewegen:

- Beginnen Sie behutsam und steigern Sie die Belastung langsam.
- Wenn Sie sich fachkundige Betreuung und Geselligkeit wünschen, nehmen Sie Kontakt zu einem Sportverein oder Sportclub auf.
- Machen Sie sich zum Prinzip, Treppen zu steigen. Lassen Sie Fahrstuhl oder Rolltreppe „links" liegen.
- Holen Sie nicht für jede kleine Strecke das Auto aus der Garage. Gehen Sie zu Fuß oder fahren Sie mit dem Rad.
- Statt die Füße vor dem Fernseher hochzulegen, können Sie eine halbe Stunde durch die frische Luft gehen.
- „Toben" Sie mit Ihren Kindern.
- Machen Sie häufiger z. B. eine Radtour, Ball- oder andere Bewegungsspiele.
- Gehen Sie mal wieder tanzen.

Übrigens: Je intensiver Sie sich bewegen, um so mehr Kalorien verbraucht Ihr Körper!

Hier einige Beispiele:

30 Minuten Gymnastik, intensiv	200 kcal
30 Minuten Radfahren, 10 bis 12 km	250 kcal
20 Minuten Schwimmen, 1000 m	280 kcal
30 Minuten Joggen, 4,5 km	380 kcal

Schalttage

An den sogenannten „Schalttagen" wird verstärkt Wasser ausgeschwemmt durch den geringen Natrium- und den hohen Kaliumgehalt von Obst, Gemüse und Säften. Eine Verringerung des Fettgewebes darf dabei nicht erwartet werden. Dennoch sind solche Schalttage – wenn sie nicht häufiger als einmal in der Woche durchgeführt werden – gut geeignet, sich auf weniger Nahrung einzustellen und diese geringen Mengen intensiv zu genießen.
Häufig bringen sie auch einen Motivationsschub und helfen, Nein-Sagen zu üben, denn an einem Obst- oder Gemüsetag müssen Sie alles andere zum Essen ablehnen. Einige Beispiele:

- **Gemüse-Obst-Tag:** bis zu 2 Pfund frisches Obst und 2 Pfund Gemüse, verteilt auf 5 – 6 Mahlzeiten
- **Roh-Obsttag:** bis zu 3 Pfund frisches Obst, verteilt auf 5 – 6 Mahlzeiten
- **Reis-Obsttag:** 150 g Naturreis gekocht in 300 ml Wasser (ohne Salz) und 750 g Obst, verteilt auf 5 – 6 Mahlzeiten
- **Saft-Tag:** 1 l Obstsaft über den Tag verteilt trinken; evtl. noch 4 – 6 Scheiben Knäckebrot

Denken Sie daran, ausreichend zu trinken.

Schlankheitsmittel – das Geschäft mit der schlanken Linie

„30 Pfund in drei Wochen – Das können Sie auch!"
„Ohne Hungern abnehmen"
„Beim Spazierengehen Pfunde verlieren"

Der Traum vieler Molliger, ohne Hungern abzunehmen – und zwar möglichst schnell und einfach – scheint erfüllbar zu sein. Jedenfalls, wenn man den Anzeigen und Lockparolen in Zeitungen und Zeitschriften Glauben schenkt. Wunderdiät oder Wundermittel – die Kilos sollen wunderbar purzeln.

„Mitgeschenkt" werden gleichzeitig mehr Lebensfreude, Stärkung des Immunsystems oder Anerkennung im Beruf. Solche Versprechen treffen voll in Hoffnungen oder streuen Sand in die Augen, ohne daß sie eingehalten werden (können). Tatsache ist, daß versprochene Gewichtsabnahmen von 10 kg in 10 Tagen – und dabei essen, was schmeckt – gar nicht möglich sind. Selbst bei einer Nulldiät, die nur unter ärztlicher Aufsicht stattfindet, liegt die Gewichtsabnahme nur bei etwa 350 g pro Tag.

Ob Pulver, Pillen, Sohlen oder Tees, allen ist gemeinsam: der hohe Preis und die fehlende Wirkung. Schlank wird garantiert der Geldbeutel, alles andere ist zweifelhaft, auch die „wissenschaftlichen" Begründungen.

Einige Schlankheitspillen können sogar zu schweren gesundheitlichen Schäden führen oder, werden sie über einen längeren Zeitraum eingenommen, zur Sucht.

Daneben gibt es wohl kein Lebensmittel mehr, das nicht schon als Diät herhalten mußte, z. B. Reis-, Kartoffel-, Gemüse-, Brot-, Apfel-, Steak- oder Eierdiät. Gemeinsamer Nenner ist, daß bestimmte Lebensmittel unbegrenzt gegessen werden können, andere dagegen strikt verboten sind. Der Erfolg derartig einseitiger Diäten ist nur kurzzeitig. Die Pfunde, die in den ersten Tagen purzeln, rühren vom Wasserverlust her und nicht durch den Abbau von Fett. Ißt man danach wieder normal, ist das Ausgangsgewicht schnell wieder erreicht. Hinzu kommt, daß sie, gleich ob fett-, eiweiß- oder kohlenhydratbetont, langfristig eintönig sind, sich oft nicht mit dem Speiseplan der Familie vereinbaren lassen, zu Nährstoffmängeln führen und eine langfristige und dauerhafte Gewichtsabnahme nicht in Sicht ist.

Die leidvollen Erfahrungen vieler Betroffener zeigen im Gegenteil: Viele „Diäten" machen langfristig nicht schlank, sondern dick.

Nachfolgend sind einige Diäten oder Ernährungsformen kurz beschrieben und bewertet.

Diäten unter der Lupe

	Formula-Diäten, z. B. Dayfit, Figura Fit, Slim Fast, Modifast, Herbalife
Prinzip	Instantpulver für eine trinkfertige Mahlzeit, mit Milch oder Wasser angerührt, in süßen und herzhaften Geschmacksrichtungen erhältlich. § 14 a der Diät-Verordnung bzw. die EU-Richtlinie 96/8/EG regelt den Energie- und Nährstoffgehalt. Die Kalorienmenge liegt bei ausschließlicher Verwendung des Pulvers i. d. R. bei mindestens 800 kcal und darf höchstens 1200 kcal pro Tag betragen.
Gesundheitliche Bewertung	Die wichtigsten Nährstoffe sind in ausreichender Menge vorhanden. Keine Kautätigkeit. Als Dauerernährung nicht geeignet.
Langfristiger Erfolg	Nicht zu erwarten, da keine Umstellung der Ernährungsgewohnheiten erfolgt.
Gesamturteil	Abzuraten. Bei sehr starkem Übergewicht evtl. als Einstieg möglich. Verhaltenstraining muß folgen.

	Trennkost (Hay'sche Trennkost)
Prinzip	Eiweiß- und kohlenhydrathaltige Lebensmittel dürfen nicht zusammen in einer Mahlzeit gegessen werden. 80 Prozent der Nahrung sollen aus Obst und Gemüse bestehen. Fette können zu allen Mahlzeiten gegessen werden.
Gesundheitliche Bewertung	Calcium, Eisen- und Jodzufuhr möglicherweise kritisch, aber nicht gesundheitsschädlich. Die Trennung von Eiweiß und Kohlenhydraten ist unsinnig und schwer durchzuführen. Positiv ist der hohe Obst- und Gemüseanteil sowie die Einschränkung des Fleischkonsums. Gewichtsabnahmen sind nicht auf Trennung von Eiweiß und Kohlenhydraten zurückzuführen, sondern auf reduzierten Kaloriengehalt.
Langfristiger Erfolg	Nicht zu erwarten, da Trennung langfristig schwer durchführbar.
Gesamturteil	Abzuraten.

Fit for Life (Fit fürs Leben)

Prinzip	Eine Variante des Trennkostprinzips (Kohlenhydrat- und eiweißhaltige Lebensmittel sollen nicht gleichzeitig gegessen werden); bis 12 Uhr soll Obst die einzige Nahrung sein. 70 Prozent der Kost bestehen aus Obst, Gemüse und Salat, 30 Prozent aus Brot, Getreide; wenig Fleisch. Milch und Milchprodukte werden abgelehnt. Als Getränk wird destilliertes Wasser empfohlen.
Gesundheitliche Bewertung	Mangel an Calcium, Eisen, Jod und B-Vitaminen möglich. Destilliertes Wasser als Getränk sowie das ganze Ernährungsprinzip sind abzulehnen, da es zu Mangelerscheinungen kommen kann. Zahlreiche Behauptungen sind falsch. Positiv ist der hohe Obst- und Gemüseanteil.
Langfristiger Erfolg	Feste Eßvorschriften lassen sich auf Dauer nicht einhalten.
Gesamturteil	Abzuraten.

„Max-Planck-Diät"

Prinzip	Ein Wochenspeiseplan mit viel Fleisch und Eiern, wenig Milch. Obst, bestimmte Gemüsesorten z. T. in beliebiger Menge. Es wird eine Gewichtsabnahme von 8 kg in 2 Wochen versprochen und eine Stoffwechselveränderung, die für die nächsten 3 Jahre eine Gewichtszunahme verhindert.
Gesundheitliche Bewertung	Die versprochene Gewichtsreduktion ist unrealistisch, ebenso die Stoffwechselveränderung. Ausreichende Nährstoffversorgung ist nicht gesichert (Calcium, Jod, Ballaststoffe, essentielle Fettsäuren). Kost ist sehr einseitig.
Langfristiger Erfolg	Nicht zu erwarten, keine Veränderung des Ernährungsverhaltens.
Gesamturteil	Abzuraten. Die Diät wurde nicht vom Max-Planck-Institut herausgegeben!

	Fasten, z. B. Null-Diät, Saftfasten bzw. Heilfasten
Prinzip	Totaler Verzicht auf feste Lebensmittel. Beim Saftfasten werden etwa 300 kcal durch Obst- und Gemüsesäfte oder -brühen zugeführt. Vorschrift sind 2 bis 3 l Flüssigkeit täglich.
Gesundheitliche Bewertung	Eiweißverluste, Belastung für Herz- und Kreislauf, evtl. als Einstiegsmaßnahme für stark Übergewichtige (ärztliche Kontrolle!). Als „Schalttag" für Gesunde möglich.
Langfristiger Erfolg	Nur, wenn gleichzeitig an der Veränderung des Ernährungsverhaltens gearbeitet wird.
Gesamturteil	Null-Diät abzuraten. Saftfasten nur mit Begleitung und Verhaltenstraining.

	7-Tage-Körner-Kur
Prinzip	3 Mahlzeiten werden aus festgelegten Tagesrationen zubereitet. Jeden Tag gibt es eine andere Getreidesorte. Ergänzung durch Obst, Gemüse, Milch, Kräuter. Kalorien-Begrenzung auf 750 bis 1200 kcal.
Gesundheitliche Bewertung	Mangel an Eiweiß, Fetten und Calcium. Wirkt sättigend, evtl. anfangs stärkere Blähungen.
Langfristiger Erfolg	Als Dauerernährung ungeeignet. Keine Veränderung der Ernährungsgewohnheiten.
Gesamturteil	Nur geeignet für Anregung der Darmtätigkeit für 1 Woche.

	Weight-Watchers
Prinzip	Relativ fettarme, ausgewogene Mischkost. Wochenpläne mit Austauschmöglichkeiten. Wöchentliche Gruppensitzungen. Training des Ernährungsverhaltens.
Gesundheitliche Bewertung	Vollwertige Ernährung (bei richtiger Zusammenstellung)
Langfristiger Erfolg	Zu erwarten, wenn diese Ernährungsweise beibehalten wird.
Gesamturteil	Als Dauerernährung geeignet. U. U. große Gruppen mit wechselnden Teilnehmern. Hohe Kosten.

Brigitte-Diät	
Prinzip	Ausgewogene, energiereduzierte Mischkost, z. T. ovolacto-vegetabil. Rezepte sind beliebig kombinierbar, zwischen 1000 und 1500 kcal/Tag. Auf Bewegung wird hingewiesen.
Gesundheitliche Bewertung	Ausreichende Nährstoffzufuhr gesichert. Abwechslungsreich.
Langfristiger Erfolg	Geeignet für alle, die gern nach Rezepten kochen. Wird diese Ernährung beibehalten, bestehen langfristige Erfolgsaussichten.
Gesamturteil	Als Dauerernährung bei 1500 kcal geeignet.

Atkins-Diät	
Prinzip	Eiweiß- und fettreiche Lebensmittel sind unbeschränkt erlaubt (Fleisch, Eier). Verbot bzw. starke Einschränkung aller kohlenhydrathaltigen Lebensmittel wie Brot, Gemüse, Obst, Kartoffeln. Vitamin- und Mineralstoffpräparate werden empfohlen.
Gesundheitliche Bewertung	Gilt als Mangel- und Fehlernährung, führt zu Gesundheitsschäden. Reich an Fett, Cholesterin und Purinen. Erhöht Risiko für Herz- und Kreislauferkrankungen und Gicht.
Langfristiger Erfolg	Nicht zu erwarten. Als Dauerernährung ungeeignet. Heißhunger auf Brot
Gesamturteil	Abzuraten. Bei langfristiger Anwendung Risiko von Gesundheitsschäden.

Fettverdauungshemmer, z. B. Xenical	
Prinzip	Wirkstoff Orlestat, blockiert die Verdauung eines Teils des Nahrungsfetts, spart Kalorien, gleichzeitig ist eine fettarme Ernährung nötig.
Gesundheitliche Bewertung	Nur bei starkem Übergewicht (BMI >30), verschreibungspflichtig, Gefahr eines Verlustes fettlöslicher Vitamine, Blähungen, Durchfall.
Langfristiger Erfolg	Nur zu erwarten, wenn zusätzlich intensives Eßverhaltenstraining und ein Bewegungsprogramm durchgeführt werden.
Gesamturteil	Dafür liegen noch zu wenig Erfahrungsberichte vor. Xenical ist nichts für leicht Übergewichtige, nur für „schwere" Fälle.

	Appetithemmer, z. B. Fugoa N, Recatol N, Reductil, Sibutramin
Prinzip	Medikamentöse Hilfe (z. T. verschreibungspflichtig) zur Verhinderung ernährungsbedingten Übergewichts. Tabletten oder Tropfen sollen das Hungergefühl spürbar dämpfen.
Gesundheitliche Bewertung	Die Wirkstoffe Ephedrin, Norephedrin und Phenylpropanolamin stimulieren das Nervensystem und können zu schweren Nebenwirkungen führen.Sibutramin kann Krampfanfälle und ein Blutdruckanstieg auslösen
Langfristiger Erfolg	Kein langfristiger Erfolg, da Wirksamkeit der Präparate meist nach 4 bis 6 Wochen nachläßt. Keine Änderung der Ernährungsgewohnheiten.
Gesamturteil	Abzuraten. Dies gilt auch für pflanzliche Präparate.

	Entwässernde Mittel, z. B. Biofax
Prinzip	Der Wirkmechanismus beruht auf der Ausscheidung von Wasser und Kochsalz. Auch pflanzliche Mittel wie Birkenblätterextrakte sind in der Wirkung zweifelhaft.
Gesundheitliche Bewertung	Harntreibende Mittel werden vornehmlich in der Therapie von Ödemen und zur Behandlung der Herzschwäche eingesetzt. Bei der Gewichtsabnahme sind sie sinnlos, da es zu Wasserverlusten kommt, aber nicht zum Fettabbau.
Langfristiger Erfolg	Kein langfristiger Erfolg.
Gesamturteil	Nicht sinnvoll, daher abzuraten.

	Abführmittel, z. B. in sogenannten „Schlankheitstees“
Prinzip	Pflanzen, wie Sennesblätter und Aloe, bewirken im Darm eine schnelle Stuhlausscheidung und führen damit zu Wasserverlust, nicht zu einer Gewichtsabnahme.
Gesundheitliche Bewertung	Durch den Wasserverlust kommt es langfristig zu Kaliumverlusten.
Langfristiger Erfolg	Kein langfristiger Erfolg.
Gesamturteil	Dringend abzuraten.

	Ballaststoff-Quellstoffhaltige Mittel, z. B. Figura Ideal, Tabs (FIT), Feminin Pro, netto 62, less P, Chitosan
Prinzip	Ballaststoffe können große Wassermengen aufnehmen und quellen auf. Dadurch wird das Stuhlvolumen vergrößert und die Verweildauer im Darm verkürzt. Die Füllung des Magens dämpft den Hunger. Quellstoffe bewirken eine Magenfüllung mit geringem Nährwert und dadurch Dämpfung des Hungergefühls. Chitosan bindet kleine Fettmengen.
Gesundheitliche Bewertung	Schaden nicht, helfen aber auch bei der Gewichtsabnahme nicht! Wichtig ist eine genügende Trinkmenge, da es sonst zu gefährlichen Darmverschlüssen kommen kann.
Langfristiger Erfolg	Kein langfristiger Erfolg.
Gesamturteil	Abzuraten.

	Enzympräparate
Prinzip	Extrakte aus Ananas, Mangos oder Papaya enthalten eiweißspaltende Enzyme, wie Bromelin und Papain. Die Enzyme sollen die Eiweißverdauung im Darm unterstützen.
Gesundheitliche Bewertung	Papayaextrakt kann zu allergischen Reaktionen führen, Übelkeit, Erbrechen und Durchfall auslösen.
Langfristiger Erfolg	Durch Unterstützung der Eiweißverdauung wird kein gewichtsreduzierender Effekt ausgelöst, eher das Gegenteil.
Gesamturteil	Abzuraten, da völlig wirkungslos.

	Jodhaltige Präparate, z. B. Fucus 2000, Kilo Nit, Gracia Novo
Prinzip	Präparate zur Anregung des Stoffwechsels bzw. Steigerung des Fettabbaus. Jod soll den Grundumsatz des Körpers erhöhen, eine Ausscheidung von Gewebewasser fördern.
Gesundheitliche Bewertung	Die unkontrollierte Einnahme von Jod ist für Personen mit einer Schilddrüsenüberfunktion ein Risiko. Einige Produkte enthalten zusätzlich Ephedrin (s. Appetitzügler).
Langfristiger Erfolg	Kein langfristiger Erfolg.
Gesamturteil	Abzuraten, wirkungslos bei normaler Schilddrüsenfunktion

Das Ernährungsprogramm – praktisch umgesetzt

Was Sie für unser Ernährungsprogramm benötigen und berücksichtigen sollten

Was Sie brauchen:

- Zeit für sich selbst
- Durchhalte-Absicht für mindestens drei bis vier Wochen.
- an Hilfsmitteln:
  - eine Küchen- oder Diätwaage, um die Mengen der Lebensmittel abwiegen zu können;
  - eine Personenwaage für das einmalige Wiegen pro Woche
  - evtl. eine Kalorientabelle, um die Lebensmittel in ihrem Kaloriengehalt ungefähr einschätzen zu können.

Fragen Sie Ihren Arzt bzw. Ihre Ärztin

Die Absicht abzunehmen, sollten Sie vorsichtshalber Ihrem Arzt bzw. Ihrer Ärztin mitteilen – besonders dann, wenn Sie bestimmte Lebensmittel nicht vertragen oder wegen eines Organ- oder Stoffwechselleidens eine Diät einhalten müssen. Nehmen Sie am besten diesen Ratgeber mit in die Praxis.

Suchen Sie sich den richtigen Zeitpunkt aus

Kurz vor Fest- und Feiertagen oder mitten in einer beruflich oder persönlich angespannten Phase ist sicher kein guter Zeitpunkt, mit dem Abnehmen zu beginnen.

Kalorien-Aufteilung für den Tag

In unserem Ernährungsprogramm empfehlen wir Ihnen folgende Kalorienaufteilung für den Tag (Basis 1200 kcal):

- 1. Frühstück 250 kcal
- 2. Frühstück 150 kcal
- Mittagessen 400 kcal
- Nachmittags Kaffee/Imbiß 150 kcal
- Abendessen 250 kcal

Diese gleichmäßige Verteilung der Lebensmittel über den Tag zeigt den besten Erfolg, da Sie dabei nicht der „Riesen-Hunger" überfällt.

Kalorienaufteilung	so	oder so
1. Frühstück	–	1 Scheibe Brot mit Quark und Marmelade, dazu 1 Apfel
2. Frühstück	–	1 Scheibe Knäckebrot mit Käse und 1 Tomate
Mittagessen	1 Currywurst mit Pommes	1 kleines Stück Fleisch mit Gemüse und 2 Kartoffeln
Nachmittags	1 Stück Sahnetorte	1 Becher Joghurt und 1 Pfirsich
Abendessen	–	1 Schüssel Salat und 1 Scheibe Brot mit Käse

Beide Beispiele enthalten gleich viele Kalorien, nämlich 1200 kcal! Klar, welches Beispiel gut und welches nicht günstig ist. Kuchen oder Currywurst mit Pommes machen nicht für den ganzen Tag satt und vermitteln das Gefühl, keine richtige Mahlzeit, sondern nur einen Imbiss zwischendurch gegessen zu haben.
Ab und zu dürfen Sie sich diese Naschereien ruhig gönnen, sie sollten aber gerade beim Abnehmen nicht zur Gewohnheit werden.

Rezepte

Vorbemerkungen zu den Rezepten

In unserem Rezeptteil finden Sie für jede Mahlzeit, wir sind von fünf pro Tag ausgegangen, eine Reihe von Vorschlägen.
Wenn Sie täglich aus jeder Rezeptgruppe etwas wählen, sind Sie mengenmäßig im 1200 Kalorien-Plan, gleich, wann am Tag Sie die entsprechende Mahlzeit einnehmen.

Desweiteren sollten Sie darauf achten, daß Sie täglich jede Lebensmittelgruppe (siehe Seite 35) berücksichtigen – außer Fleisch, das dürfen Sie ab und zu gerne vergessen.

Wir haben unsere Rezepte für die Mittag- und Abendessen bewußt für vier Personen gestaltet und die Kalorien pro Person berechnet. Versuchen Sie, Ihre Familie zum Mitessen zu bewegen, damit Ihnen das Durchhalten leichter fällt und Sie nicht verschiedene Gerichte zubereiten müssen.

Die Frühstücks- und Zwischenmahlzeiten-Vorschläge sind für eine Person gestaltet und berechnet. Diese Rezepte sind natürlich ebenso für Ihre Lieben geeignet wie die Mittag- und Abendessen. Erhöhen Sie einfach entsprechend Ihrer Familienmitglieder die Mengen bei den Rezepten.

Löffelmaße

Lebensmittel	Gewicht (g) und Energie (in kcal)	
	 1 Teelöffel	 1 Eßlöffel
Butter/Margarine	5 g = 38 kcal	15 g = 113 kcal
Öl	5 g = 45 kcal	10 g = 90 kcal
Schmand (24 % Fett)	5 g = 12 kcal	15 g = 36 kcal
Schlagsahne (30 % Fett)	5 g = 15 kcal	15 g = 46 kcal
Joghurt (3,5 % Fett)		20 g = 12 kcal
Quark, mager	9 g = 7 kcal	25 g = 18 kcal
Käse, gerieben (45 % Fett i.Tr.)	3 g = 11 kcal	8 g = 31 kcal
Vollkornhaferflocken	2 g = 7 kcal	8 g = 28 kcal
Weizenvollkornmehl	3 g = 9 kcal	10 g = 31 kcal
Weizenkörner	5 g = 15 kcal	15 g = 46 kcal
Haselnüsse		10 g = 64 kcal
Kräuter	2 g = 1 kcal	5 g = 2 kcal
Senf	3 g = 3 kcal	9 g = 9 kcal
Marmelade	5 g = 13 kcal	
Zucker	5 g = 20 kcal	15 g = 60 kcal

Quelle: Große Nährwerttabelle 94/95

Zeichenerklärung:
Eßlöffel (gestrichen) = EL
Teelöffel (gestrichen) = TL
Das Volumen beträgt beim Eßlöffel 15 ml und beim Teelöffel 5 ml

Rezeptverzeichnis

Frühstück und Zwischenmahlzeiten für 1 Person

Müslis 250 kcal

Müslis:
Frischkornbrei mit Obst der Jahreszeit 79
Müsli aus gekeimten Weizenkörnern 80
Müsli aus gemischtem Getreide 80

Brote und kleine Speisen 150 kcal

Grund-Rezepte:
Schnelles Weizen-Roggen-Mischbrot 82
Vollkornbrötchen 83
Frühstücksvorschläge mit Brot 84
Pikante Quarkaufstriche:
Kräuterquark 85
Eierquark 85
Bunter Quark 85
Belegte Brote/Brötchen 86
Milch-, Joghurt- und Quarkspeisen:
Milch-Obst-Shake 88
Obst-Joghurt 88
Obst-Quark 88
Obstspeisen:
Gefüllte Honigmelone 89
Obstsalat für Winter und Frühling 90
Sommerlicher Obstsalat 90
Herbstlicher Obstsalat 90
Kuchen: 150 kcal pro Stück
Buchweizenbisquit mit Obst (12 Stücke) 91
Obsttorte (12 Stücke) 92
Gebackener Käsekuchen (12 Stücke) 93
Zitronenrolle (15 Stücke) 94
Bisquitrolle mit Quark und Erdbeeren (14 Stücke) 95

Mittagessen für 4 Personen 400 kcal pro Person

Fleischlose Gerichte:
Kartoffel-Porree-Auflauf mit Sauerkraut-Salat 96
Möhren-Apfel-Rohkost und Fenchel mit Nuß-Sauce und Pellkartoffeln 97

Wirsingauflauf 98
Ratatouille mit Zitronen-Quark-Speise 99
Möhren-Rohkost mit Nuß-Sauce und
Kohlrouladen mit Grünkernfüllung und Kartoffeln 100
Bohnen-Möhren-Eintopf mit Vollkornbrötchen und Käse . 101
Reispuffer mit Champignon-Zwiebel-Gemüse 102
Grünkern-Bratlinge 104
Gefüllte Paprikaschoten 105
Spinat-Eier-Pfanne mit Buntem Maissalat 106
Blumenkohl-Grünkern-Auflauf mit Rohkostsalat 107
Hirseauflauf mit Champignons 108
Kartoffelauflauf mit Mozzarella 109
Roggen-Kartoffel-Auflauf mit Kräuterquark 110
Chinakohl auf Tomatenreis 111

Fleischgerichte:
Indisches Hähnchen mit Curryreis und Eissalat
mit Gurken und Tomaten 112
Putenschnitzel mit Curryreis und Bananensauce
und Indischer Salat 114
Geschnetzeltes vom Schwein mit Paprikagemüse 116
Hackfleischklopse 117

Fischgerichte:
Fischfilet im Porreebett 118
Forelle blau mit Kartoffeln und Buntem Salat 119
Indischer Zimtfisch mit Kartoffeln und
Bunter Salatschüssel 120

Abendessen für 4 Personen — 250 kcal pro Person

Rohkostsalate:
Rote-Rüben-Rohkost 122
Krautsalat 123
Waldorfsalat 124
Gurkensalat mit Dill-Dressing 124
Tomatensalat mit körnigem Frischkäse 125
Weizenkeimsalat 126
Griechischer Bauernsalat 126
Ländlicher Käsesalat 127
Möhren-Rohkost mit Schinken 128
Bunter Sprossensalat 128
Hafersalat rustikal 129
Porreesalat 130

Salatsaucen für die Rohkostsalate:

Joghurt-Kräuter-Sauce ... 130
Kräuter-Marinade ... 131
Joghurt-Nuß-Sauce ... 131
Joghurt-Orangen-Sauce ... 131
Sauce Vinaigrette ... 131

Suppen und warme Gerichte:

Joghurtsuppe nach Balkanart ... 132
Porreesuppe ... 132
Überbackene Käse-Tomaten ... 133
Möhren-Puffer ... 134
Pürierte Möhrensuppe ... 134
Pizzapfannkuchen ... 135
Sellerie-Kuchen mit Tomaten ... 136
Pellkartoffeln mit Kräuterquark und Forellenfilet ... 136
Hackfleischkugeln mit Quark-Sauce ... 137

Frühstück und Zwischenmahlzeiten

Müslis 250 kcal

Vorbemerkung:
Müsli zum Frühstück bedeutet nicht, auf harten Getreidekörnern herumzubeißen. Es gibt so viele Müsli-Varianten, daß Sie sicher eine Kombination finden können, die Ihnen schmeckt. Obwohl es viele Müsli-Fertigprodukte im Handel gibt, ist es günstiger, sich eine eigene Mischung zusammenzustellen. Dann kennen Sie die genauen Mengen der einzelnen Zutaten und können auch auf Zutaten, wie z.B. Zucker, verzichten. Achten Sie beim Kauf von Fertig-Müslis auf die Zutatenliste. Wählen Sie am besten ein Müsli ohne Zuckerzusatz aus.

Frischkornbrei mit Obst der Jahreszeit

2 geh. EL	**Weizenkörner, 40 g**
4 geh. EL	**Joghurt, 1,5 % Fett, 100 g**
1 kleiner	**Apfel, 80 g**
1 kleiner	**Pfirsich, 80 g**

So wird's gemacht:

Den Weizen grob mahlen und ca. 5 bis 10 Stunden vor dem Essen mit 2 bis 3 EL Wasser im Kühlschrank quellen lassen. Apfel raspeln, Pfirsich in Stücke schneiden und mit dem Joghurt unter den Weizen rühren. Der Apfel sollte nach Möglichkeit immer zum Frischkornbrei gehören. Zusätzliches Obst kann nach Jahreszeit wechseln. Anstelle des kleinen Pfirsichs können genommen werden:

1	**Mandarine**
1/2	**Banane**
1/2	**Birne**
100 g	**Erdbeeren**
5	**Haselnußkerne**
	oder
1	**EL Rosinen**

Tip Der Weizen kann auch durch Gerste oder Roggen ausgetauscht werden. Ebenso sind Getreidemischungen für den Frischkornbrei geeignet.

Tip Evtl. verbleibende Fruchthälften können im Laufe des Tages mit Joghurt, Quark oder anderen Milchprodukten gegessen werden

Müsli aus gekeimten Weizenkörnern

2 geh. EL	**gekeimte Weizenkörner, 30 g**
1 geh. EL	**Magerquark, 50 g**
2 geh. EL	**Joghurt, 3,5 % Fett, 50 g**
1	**Apfel, 120 g**
1 gestr. EL	**Haselnüsse, 10 g**

So wird's gemacht: Quark und Joghurt cremig rühren.
Apfel schälen, grob raspeln und unter die Quarkmasse mischen. Gekeimte Weizenkörner dazugeben.

Müsli aus gemischtem Getreide

1 geh. EL	**verschiedene Getreideflocken, 10 g, z.B. Hafer-, Gerste-, Roggen-, Weizenflocken**
1 TL	**Leinsamen, 5 g**
150 g	**Joghurt, 3,5 % Fett**
1	**kleine Banane, 100 g**

So wird's gemacht: Getreideflocken, Leinsamen und Joghurt mischen.
Die in dünne Scheiben geschnittene Banane unterrühren.
Die Banane kann ausgetauscht werden gegen etwa 200 g Pfirsich, Himbeeren, Apfel, Birne oder Erdbeeren.

Keimen von Getreide

Es ist ganz einfach, Körner – auch ohne spezielle Geräte – zum Keimen zu bringen. Benötigt werden Licht, Wasser, eine Schale und etwas Wärme. Geeigneter Standort ist die Küche.

1. Schritt: Die Getreidekörner über Nacht in reichlich Wasser einweichen, morgens gründlich spülen und tagsüber ohne Wasser stehenlassen.

2. Schritt: Abends nach gründlichem Spülen über Nacht ohne Wasser stehenlassen.

3. Schritt: Nach 2 bis 3 Tagen, an denen sich das Spülen und wieder trocken Stehenlassen ständig wiederholt, haben sich kleine Keime gebildet (2-3 mm). Vor dem Essen nochmals abspülen. Das gründliche Spülen der Körner ist wichtig, um Schimmelpilzbildung zu verhindern.

Brote und kleine Speisen 150 kcal

Vorbemerkung:
Für die Zwischenmahlzeiten oder auch zum Frühstück schlagen wir schwerpunktmäßig Vollkornbrötchen und Vollkornbrot mit verschiedenen Quarkmischungen vor. Vollkornbrotwaren werden aber nicht überall angeboten; probieren Sie doch mal unsere Brot- und Brötchen-Rezepte aus.

Was Sie nicht frisch verzehren, können Sie einfrieren und später nach Bedarf auftauen. Aus dem Brötchen-Teig bekommen Sie ca. 20 Brötchen mit je ungefähr 100 kcal. Eine Scheibe Brot von 40 g hat etwa 80 kcal.
Fragen Sie bei Ihrem Bäcker nach, ob er Vollkornbrötchen in seinem Sortiment führt. Die oft angepriesenen Mehrkornbrötchen sind häufig nicht aus Vollkorngetreide gebacken.

Quarkmischungen können leicht selbst hergestellt werden. Um Arbeit zu sparen, empfiehlt es sich, eine größere Menge zuzubereiten. Im Kühlschrank sind die Quarkzubereitungen etwa drei Tage haltbar.

Getreidemischungen für Müsli können auch in größeren Mengen auf Vorrat hergestellt werden. Sie lassen sich gut in einer Dose oder einem Glas aufbewahren.

Grundrezepte

Schnelles Weizen-Roggen-Mischbrot (Zwei-Kasten-Formen)

500 g	**feines Weizenschrot**
400 g	**feines Dinkel-** *oder* **auch Weizenschrot**
200 g	**feines Roggenschrot**
200 g	**Mehl (Type 405)**
1 1/2 Würfel	**Hefe, 60 g**
500 ml	**lauwarmes Wasser**
10 g	**Zucker** *oder* **Honig**
30 g	**Sesam**
30 g	**Leinsamen**
30 g	**Haferflocken**
60 g	**Sonnenblumenkerne**
500 ml	**lauwarme Buttermilch**
20 g	**Salz**

So wird's gemacht:

Die Hefe in 500 ml lauwarmen Wasser mit etwas Zucker oder Honig auflösen und ca. 10 Minuten stehenlassen.
Zum Schrot und Mehl Sesam, Leinsamen, Sonnenblumenkerne und Haferflocken geben und mit der Hefelösung und 500 ml lauwarmer Buttermilch ca. 10 Minuten kneten.
Zum Schluß 20 g Salz hinzugeben und gut unterkneten.

Zwei Kastenformen fetten und den Teig darin verteilen.
Die Formen auf die mittlere Schiene des noch kalten Ofens stellen und bei 200°C ca. 60 Minuten backen.
Während der letzten 15 Minuten die Brote aus den Formen nehmen und ohne Form weiterbacken. Sie erhalten so rundherum eine knusprige Kruste.

Vollkornbrötchen (20 Stück) à 100 kcal

350 ml	**Wasser (ca. 15°C)**
30 g	**Hefe**
1 TL	**Salz**
600 g	**Weizenvollkornmehl**
evtl. 1/2 TL	**Anis**
evtl. 1/2 TL	**Fenchel**

So wird's gemacht:

Das Wasser abmessen. Die Hefe hineinbröckeln und mit dem Salz im Wasser auflösen. Das Vollkornmehl mit dem Hefewasser zu einem Teig verarbeiten. Den Teig 10 bis 15 Minuten gründlich kneten. 20 Minuten zugedeckt gehen lassen. Danach nochmals 5 Minuten kneten und wiederum gehen lassen. Während der Teigruhe das Backblech gut einfetten und mit Mehl bestäuben. Damit die Brötchen beim Backen hoch aufgehen und die Kruste knusprig wird, muß im Backofen reichlich Wasserdampf vorhanden sein. Deshalb ein flaches, feuerfestes Gefäß mit kaltem Wasser auf den Backofenboden stellen.

Den Teig kurz zusammenkneten und eine Rolle daraus formen und 5 gleich große Stücke abschneiden. Jedes Stück zu einer Kugel rollen und diese in Viertel teilen. Die kleinen Teigstücke nach und nach auf ein bemehltes Backbrett legen und mit den Handflächen darauf kreisen, so daß sich jeweils eine glatte, runde Teigkugel bildet. Sie darf keine Risse haben, sonst ist der Teig zu fest. Die runden Brötchen mit etwas Abstand aufs Blech legen.

Den Backofen auf 220°C vorheizen.

Alle Brötchen zum Schluß mit Wasser bestreichen und evtl. mit Anis und Fenchel bestreuen. Sind die Brötchen schon rund aufgegangen, können sie in den Backofen auf die mittlere Leiste geschoben werden. Bei 220°C 20 Minuten backen.

Tip Probieren Sie auch andere Zutaten aus: Mohn, Sesam, Kümmel oder Haferflocken.
Die Gewürze können auch gleich eingeknetet werden.
Die gebackenen Brötchen lassen sich gut einfrieren.

Frühstücksvorschläge mit Brot

1 Scheibe	**Vollkornbrot, 40 g**
1 Scheibe	**Knäckebrot, 10 g**
1 1/2 TL	**Butter**
20 g	**Gouda, 45 % Fett i.Tr.**
1/2 TL	**Marmelade**
1	**Tomate, 80 g**

1	**Vollkornbrötchen, 50 g**
1 1/2 TL	**Butter**
1 Scheibe	**Geflügelwurst, 30 g**
2 geh. EL	**Magerquark, 50 g**
100 g	**Salatgurke**

1/2	**Vollkornbrötchen, 25 g**
1 Scheibe	**Knäckebrot, 10 g**
1 1/2 TL	**Butter**
1 geh. EL	**Magerquark, 25 g**
1/2 TL	**Marmelade oder Honig**
1	**Ei**

Tip Die Vorschläge für die Zwischenmahlzeiten mit 150 kcal können Sie natürlich auch für das Frühstück wählen. Ergänzen Sie die Vorschläge dann um eine zusätzliche Scheibe Knäckebrot, ein halbes Brötchen oder eine halbe Scheibe Brot, ein Stück Obst oder rohes Gemüse.

Pikante Quarkaufstriche

Kräuterquark

250 g	Magerquark
4 EL	Wasser
1/2	Zwiebel, gewürfelt, 25 g
1 EL	Petersilie
1 EL	Schnittlauch
1/2 TL	Senf
	Salz, Pfeffer

So wird's gemacht:

Alle Zutaten miteinander verrühren. 3 EL enthalten 40 kcal.

Eierquark

250 g	Magerquark
4 EL	Wasser
1	hartgekochtes Ei
2 TL	Schnittlauch
	Salz, Pfeffer, Paprikapulver

So wird's gemacht:

Alle Zutaten miteinander verrühren. 2 EL enthalten 40 kcal.

Bunter Quark

250 g	Magerquark
4 EL	Wasser
1	Gewürzgurke, gewürfelt, 50 g
1/2	Zwiebel, gewürfelt, 25 g
30 g	grüne Paprikaschote, gewürfelt
	Salz, Pfeffer

So wird's gemacht:

Alle Zutaten miteinander verrühren.
3 EL enthalten 40 kcal.

Belegte Brote/Brötchen

1 Vollkornbrötchen mit:

	50 g	**Kräuterquark, 2 geh. EL**
	1	**Tomate, 50 g**
oder:	**1**	**TL Butter**
	1	**Tomate, 50 g**
		Salz, Pfeffer

1/2 Vollkornbrötchen mit:

	1/2 TL	**Butter**
	30 g	**Camembert, 45 % Fett i.Tr.**
	3	**Radieschen**
oder:	**1/2 TL**	**Butter**
	1 Scheibe	**magere Geflügelwurst, 20 g**
	1	**Apfel, 100 g**
oder:	**1/2 TL**	**Butter**
	1 Scheibe	**Gouda, 45 % Fett i.Tr., 20 g**
	2	**Tomaten, 100 g**

1 Scheibe Weizen-/Roggenvollkornbrot, 40 g, *oder*
1 Scheibe Mischbrot, 40 g, mit:

	50 g	**Magerquark, 2 geh. EL**
	2 TL	**Marmelade**
oder:	**1/2 TL**	**Butter**
	3	**Scheiben Harzer Käse, 30 g**
	4	**Radieschen**
oder:	**30 g**	**Lachsschinken**
	30 g	**frische Gurke**

1/2 Scheibe Weizen-/Roggenvollkornbrot, 20 g, *oder*
1/2 Scheibe Mischbrot, 20 g, mit:

	1/2 TL	**Butter**
	1	**Scheibe Gouda, 45 % Fett i.Tr., 20 g**
	1	**Tomate, 50 g**
oder:	**1/2 TL**	**Butter**
	1	**Ei**
	2	**Radieschen**
		Kresse, Paprikapulver
oder:	**2 EL**	**Kräuterquark, 50 g**
	1	**großer Apfel, 150 g**

2 Scheiben Knäckebrot mit:

	1 EL	**Magerquark, 25 g**
	1 TL	**Marmelade**
und	**1/2 TL**	**Butter**
	2	**Tomaten, 100 g**

2 Scheiben Knäckebrot mit:

	1 TL	**Butter**
	30 g	**frische Gurke**
und	**1 Scheibe**	**Geflügelwurst, 30 g**

1 Scheibe Knäckebrot mit:

	30 g	**körnigem Frischkäse, 1 geh. EL**
	1	**Tomate, 50 g**
	1	**Apfel (oder Birne) 130 g**
oder	**1/2 TL**	**Butter**
	1	**Scheibe Gouda, 45 % Fett i.Tr., 20 g**
	2	**Tomaten, 100 g**

Milch-, Joghurt- und Quarkspeisen

Milch-Obst-Shake

1 Glas	**Milch, 3,5 % Fett, 150 ml**
	oder
1 Glas	**Buttermilch, 200 ml mit:**
	jeweils einem kleinen Stück Obst, z.B. Apfel, Apfelsine, Birne, Banane *oder* **Pfirsich.**

So wird's gemacht: Milch oder Buttermilch und das Obst in einen Mixbecher geben und mit dem Pürierstab zu einem Milchshake verarbeiten. Evtl. mit etwas Zitronensaft abschmecken.

Obst-Joghurt

100 g	**Joghurt, 3,5 % Fett**
150 g	**Erdbeeren**
	oder
100 g	**Apfel oder Apfelsine**

So wird's gemacht: Joghurt mit Obst verrühren. Dazu:

1 Scheibe	**Knäckebrot oder 1 Vollkornzwieback**

Obst-Quark

4 EL	**Magerquark, 100 g**
	etwas Wasser
150 g	**Erdbeeren** *oder*
100 g	**Himbeeren** *oder*
100 g	**Johannisbeeren** *oder*
100 g	**Apfelsine** *oder*
100 g	**Apfel**
1 EL	**Haferflocken**

So wird's gemacht: Magerquark mit etwas Wasser cremig rühren und mit dem kleingeschnittenen Obst und den Haferflocken mischen.

Obstspeisen

Gefüllte Honigmelone

	1/2	**Honigmelone, etwa 150 g Fruchtfleisch**
	50 g	**Johannisbeeren** *oder* **Heidelbeeren**
		oder
	knapp 1/2	**Honigmelone, etwa 100 g Fruchtfleisch**
	1/2	**Kiwi, 40 g**
	1/3	**Banane, 30 g**
Sauce:	**1 EL**	**Magerquark, 25 g**
	50 ml	**Milch, 3,5 % Fett**
	1 TL	**Sherry**
	1 MS	**Vanillemark** *oder* **gemahlene Vanille**

So wird's gemacht:

Die Melonenkerne aus der halbierten Melone herausnehmen. Einen Teil des Fruchtfleisches mit einem Teelöffel ausstechen, so daß kleine Kugeln entstehen und ein 1 bis 2 cm breiter Fruchtrand in der Schale verbleibt.

Das Fruchtfleisch mit den übrigen, bei Bedarf zerkleinerten Früchten mischen.

Für die Sauce Quark mit Milch glattrühren und mit Sherry und Vanillemark abschmecken.

Die Früchte in die ausgehöhlte Melonenhälfte füllen und mit der Sauce übergießen.

Obstsalat für Winter und Frühling

1 kleine	**Apfelsine, 100**
1/2	**Apfel, 50 g**
1/2	**Banane, 50 g**
1 TL	**gehackte Haselnüsse**
1 EL	**Zitronensaft**
1 EL	**Mineralwasser**

So wird's gemacht: Apfelsine in Stücke, Apfel in Streifen und Banane in Scheiben schneiden. Gehackte Haselnüsse, Zitronensaft und Mineralwasser unter das Obst mischen.

Sommerlicher Obstsalat

200 g	**Erdbeeren**
1/2	**Banane, 50 g**
1 TL	**gehackte Mandeln *oder* Kokosflocken**
1 EL	**Zitronensaft**

So wird's gemacht: Erdbeeren je nach Größe ganz lassen oder zerkleinern.
Banane in Scheiben schneiden.
Mit Mandeln oder Kokosflocken und Zitronensaft mischen.

Herbstlicher Obstsalat

1/2	**Birne, 50 g**
1/2	**Apfel, 50 g**
1 EL	**Zitronensaft**
25 g	**Weintrauben**
2	**Pflaumen**
1	**Walnuß**
1 bis 2 EL	**Mineralwasser**

So wird's gemacht: Birne und Apfel in Streifen schneiden und mit Zitronensaft beträufeln. Weintrauben halbieren und Pflaumen vierteln. Mit Mineralwasser mischen und mit der Walnuß dekoriert servieren.

Kuchen — ca. 150 kcal pro Stück

Zum Nachmittags-Kaffee können Sie – ohne schlechtes Gewissen – ab und an auch ein Stückchen Kuchen essen. Damit alle wertvollen Getreidebestandteile auch mit in Ihren Kuchen gelangen, empfehlen wir Ihnen, statt hellem Mehl Vollkornmehl zum Backen zu verwenden. Kuchen mit Vollkornmehl schmeckt etwas nußartig und begeistert bestimmt auch Ihre Familie oder Freunde.

Buchweizenbisquit mit Obst (12 Stücke)

Teig:	**4**	**Eier, getrennt**
	100 g	**Honig oder Zucker (5 EL)**
	2 EL	**heißes Wasser**
		Vanillemark *oder* -pulver
	150 g	**Buchweizenmehl**
Belag:	**100 ml**	**Sahne**
	20 g	**Honig *oder* Zucker (1 EL)**
	1 kg	**Erdbeeren *oder* anderes Obst**

So wird's gemacht:

Eigelb, Honig oder Zucker, Wasser und Vanille zu einer dicken Creme aufschlagen.
Eiweiß sehr steif schlagen und auf die Creme geben, ebenfalls das Buchweizenmehl.
Alles vorsichtig miteinander vermengen.
Die Masse auf ein gefettetes Backblech streichen und im vorgeheizten Backofen auf der untersten Schiene backen.

Gas: Stufe 1 – 2 Strom: 180°C Backzeit: 20 Minuten

Den Teig auskühlen lassen.
Die Sahne sehr steif schlagen und süßen.
Auf den Bisquitboden streichen und mit den Erdbeeren bzw. dem Obst belegen. Sofort servieren.

Obsttorte (12 Stücke) 150 kcal

Teig:	3	**Eier**
	3	**EL warmes Wasser**
	80 g	**Zucker** *oder* **Honig**
	1 MS	**Vanillemark** *oder* **gemahlene Vanille**
	150 g	**Weizenvollkornmehl**
	1/2 gestr. TL	**Backpulver**
Belag:	800 g	**Obst, z.B. Erdbeeren, Sauerkirschen, Himbeeren, Pfirsiche**
	1 Päckchen	**Tortenguß**
	1/4 l	**Wasser**

So wird's gemacht:

Eier trennen. Eiweiß mit 20 g Zucker oder Honig steif schlagen. Eigelb mit Wasser schaumig schlagen und nach und nach den restlichen Zucker oder Honig und Vanillemark hinzugeben und so lange schlagen, bis eine weißliche Crememasse entstanden ist.

Den Eischnee auf die Eigelbcreme geben, das mit dem Backpulver vermischte Mehl darübersieben und alles vorsichtig unter die Eigelbcreme ziehen.

Die Masse in eine gefettete Springform geben und 20 Minuten bei 175°C backen.

Auf den ausgekühlten Boden gleichmäßig das vorbereitete Obst legen.

Den Tortenguß nach Packungsvorschrift zubereiten und auf dem Obst verteilen.

Nach Erkalten die Torte in 12 Stücke schneiden.

Tip Zu diesem Obstkuchen können Sie sich auch einmal einen Eßlöffel geschlagene Sahne gönnen.

Gebackener Käsekuchen (12 Stücke)

Teig:	**750 g**	**Magerquark**
	50 g	**Weizenvollkornmehl**
	125 g	**Zucker** *oder* **Honig**
	1 MS	**Vanillemark** *oder* **gemahlene Vanille**
	3	**Eier**
		abgeriebene Schale einer unbehandelten Zitrone
Obst:	**400 g**	**Johannisbeeren** *oder*
	300 g	**Sauerkirschen (entsteint)** *oder*
	300 g	**Äpfel (in Spalten geschnitten)**

So wird's gemacht:

Eier trennen und das Eiweiß mit 20 g Zucker oder Honig steif schlagen.
Die restlichen Zutaten mit dem Rührbesen glatt rühren.
Das gewünschte Obst und zum Schluß das geschlagene Eiweiß unterheben.
Die Käsemasse in die eingefettete Springform füllen und 60 bis 70 Minuten bei 175°C backen.
Die Torte in der Form abkühlen lassen und in 12 Stücke schneiden.

Zitronenrolle (15 Stücke)

Teig:	3	**Eier**
	3	**EL warmes Wasser**
	80 g	**Zucker** *oder* **Honig**
	150 g	**Weizenvollkornmehl**
	1/2 TL	**Backpulver**
Füllung:	500 g	**Joghurt, 3,5 % Fett**
	5 EL	**Zitronensaft**
		abgeriebene Schale 1/2 unbehandelten Zitrone
	75 g	**Zucker** *oder* **Honig**
	6 Blatt	**weiße Gelatine**
	200 ml	**Sahne, 30 % Fett**

So wird's gemacht:

Eier trennen. Eiweiß mit 20 g Zucker oder Honig steif schlagen. Eigelb mit Wasser schaumig schlagen, nach und nach den Zucker oder Honig hinzugeben und so lange schlagen, bis eine weißliche Crememasse entstanden ist. Den Eischnee auf die Eigelbcreme geben, das mit dem Backpulver gemischte Mehl darübersieben und alles vorsichtig unter die Eigelbcreme ziehen. Den Backofen auf 180°C vorheizen. Den Teig auf ein mit Pergament- oder Backpapier ausgelegtes Backblech streichen und auf der mittleren Leiste im Backofen 10 bis 15 Minuten bei 180°C backen. Den Bisquit nach dem Backen sofort auf ein Küchenhandtuch stürzen. Backpapier abziehen und abkühlen lassen. Für die Füllung Gelatine in kaltem Wasser ca. 5 Minuten quellen lassen. In der Zwischenzeit den Joghurt mit Zitronensaft und Zucker oder Honig verrühren und abschmecken. Die Gelatine aus dem Wasser nehmen, in einen kleinen Topf geben und langsam erwärmen, bis sich die Blätter auflösen. Etwas abkühlen lassen und vorsichtig unter die Joghurtmasse geben.

Im Kühlschrank etwas angelieren lassen. Inzwischen die Sahne steif schlagen und anschließend unter die etwas festgewordene Joghurtcreme heben. Den ausgekühlten Bisquit mit 2/3 der Zitronen-Joghurtcreme bestreichen und aufrollen.

Mit der restlichen Creme die Rolle bestreichen und mit wellenförmigen Längsstrichen mit Hilfe einer Gabel verzieren. 1/2 bis 1 Stunde kalt stellen, dann in 15 Stücke schneiden.

Bisquitrolle mit Quark und Erdbeeren (14 Stücke)

Teig:	4	**Eigelb**
	100 g	**Zucker** *oder* **Honig**
	1 MS	**Vanillemark** *oder* **gemahlene Vanille**
	150 g	**Weizenvollkornmehl**
	4 EL	**kaltes Mineralwasser**
	1 EL	**Rum**
	4	**Eiweiß**
		evtl. Puderzucker
Füllung:	400 g	**Magerquark**
	100 g	**Joghurt, 3,5 % Fett**
	1 MS	**Vanillemark** *oder* **gemahlene Vanille**
	75 g	**Zucker** *oder* **Honig**
	450 g	**Erdbeeren**
	1 EL	**Zitronensaft**

So wird's gemacht:

Eigelb mit dem Zucker oder Honig, der Zitronenschale und dem Vanillemark schaumig schlagen. Das Mineralwasser, den Rum und das Vollkornmehl in die Schaummasse einrühren. Den Teig 20 Minuten quellen lassen. Den Backofen auf 180° C vorheizen. Das Eiweiß steif schlagen und unter den Teig heben. Die Bisquitmasse auf ein mit Pergament- oder Backpapier ausgelegtes Backblech streichen. Den Teig auf der mittleren Leiste im Backofen etwa 10 bis 15 Minuten backen. Den Bisquit nach dem Backen sofort auf ein Küchenhandtuch stürzen. Backpapier abziehen und abkühlen lassen. Für die Füllung Quark, Joghurt, Vanillemark, Zucker oder Honig und Zitronensaft verrühren und die geputzten und geviertelten Erdbeeren unterheben.
Den Bisquit mit der Quarkmasse bestreichen und einrollen. Evtl. die Rolle mit Puderzucker leicht bestreuen und in 14 Stücke schneiden.

Tip Sie können auch anderes Obst der Jahreszeit verwenden.

Mittagessen

für 4 Personen (400 kcal pro Person)

Fleischlose Gerichte

Kartoffel-Porree-Auflauf mit Sauerkraut-Salat

Kartoffel-Porree-Auflauf (300 kcal):

500 g	**Porree, 3 Stangen**
500 g	**Kartoffeln, als Pellkartoffeln gekocht**
100 g	**geriebener Gouda, 45 % Fett i.Tr.**
4 EL	**frische, gehackte Kräuter**
150 g	**saure Sahne**
1	**Ei**
1 TL	**Curry**
	Salz, Muskat

Sauerkraut-Salat (100 kcal):

600 g	**Sauerkraut**
200 g	**Äpfel**
200 g	**Gewürzgurke**
200 g	**Joghurt, 3,5 % Fett**

So wird's gemacht:

Für den Auflauf Porree putzen, waschen und in Ringe schneiden. Pellkartoffeln schälen und in Streifen schneiden.
Von dem Käse einen Teil zum Bestreuen des Auflaufs zurücklassen, den Rest des Käses mit Kräutern, Curry, Porreeringen und Kartoffelstreifen mischen und in die Auflaufform füllen.
Saure Sahne mit Ei, Muskat und Salz verquirlen und über den Auflauf gießen.
Zum Schluß Käse darüber streuen und die Form abdecken.
Bei 200°C auf der zweiten Leiste von unten 30 Minuten zugedeckt und weitere 20 Minuten offen backen.
In der Zwischenzeit den Sauerkraut-Salat zubereiten:
Sauerkraut etwas kleinschneiden, Äpfel dünn schälen und reiben, Gewürzgurken würfeln. Alle Zutaten mit dem Joghurt mischen.
Während der Kartoffel-Porree-Auflauf noch im Backofen gart, kann der Salat bereits als Vorspeise gegessen werden.

Tip Zu dem Auflauf paßt auch sehr gut eine Möhren-Apfel-Rohkost (Rezept S. 97) oder eine Rote-Rüben-Rohkost (Rezept S. 122).

Möhren-Apfel-Rohkost
Fenchel mit Nuß-Sauce und Pellkartoffeln

Möhren-Apfel-Rohkost (90 kcal):

400 g	**Möhren**
200 g	**Äpfel**
1 EL	**Zitronensaft**
150 g	**Joghurt, 3,5 % Fett**
1/2 TL	**Senf**
3 EL	**frische, gehackte Kräuter**

Fenchel mit Nuß-Sauce und Pellkartoffeln (310 kcal):

4	**Fenchelknollen, 800 g**
600 ml	**Wasser**
4	**Gemüsebrühwürfel**
20 g	**gemahlene Haselnüsse**
40 g	**Weizenvollkornmehl**
200 ml	**Gemüsebrühe**
40 g	**Butter**
1 EL	**Petersilie**
500 g	**Kartoffeln**

So wird's gemacht:

Fenchelknollen waschen, putzen und halbieren.
Möglichst wenig Wasser mit dem Gemüsebrühwürfel zum Kochen bringen und Gemüse ca. 20 Minuten darin garen.
Inzwischen die Kartoffeln als Pellkartoffeln zum Kochen aufsetzen und die Möhren-Rohkost zubereiten: Möhren und Äpfel dünn schälen, raspeln und mit Zitronensaft beträufeln.
Joghurt mit Senf und Kräutern mischen und diese Sauce über die Rohkost gießen.
Für die Nuß-Sauce zum Fenchel gemahlene Haselnüsse und Weizenvollkornmehl leicht anrösten, abkühlen lassen und so viel Gemüsebrühe einrühren, daß eine sämige Sauce ensteht.
Sauce 1 bis 2 Minuten kochen lassen, dann die Butter unterziehen, das Gemüse darunterheben und mit Petersilie bestreuen.

Wirsingauflauf

800 g	**geputzter Wirsing**
800 ml	**Wasser**
2	**Gemüsebrühwürfel**
200 g	**Mais-Grieß**
2	**Eier**
20 g	**Butter**
2	**Knoblauchzehen**
50 g	**Lauch (1/2 Stange)**
4 EL	**Kräuter**
80 g	**Gouda, gerieben, 45 % Fett i.Tr.**
1/2 TL	**Curry**
	Schwarzer Pfeffer, Salz, Muskat

So wird's gemacht:

Die Wirsingblätter vom Kopf ablösen und waschen, dicke Blattrippen herausschneiden. Das Wasser aufkochen, die Blätter darin fast weichkochen und abtropfen lassen.
Den Mais mit der Wirsingbrühe verrühren und die Gemüsebrühwürfel dazugeben. Die Maismasse zu einem dickflüssigen Brei kochen und 10 Minuten auf der ausgeschalteten Platte bzw. beim Gasherd auf der niedrigsten Stufe ziehen lassen. Eier und Butter unter den Mais rühren. Knoblauch schälen und durchpressen und mit dem kleingeschnittenen Lauch, den Kräutern und dem Käse (etwas zum Bestreuen zurücklassen) zum Maisbrei geben. Mit Curry und Pfeffer abschmecken.
Den Boden einer rechteckigen Auflaufform mit einigen Wirsingblättern auslegen und mit Muskat und Salz würzen. Einen Teil der Maisfüllung darüber verteilen und wieder mit Wirsingblättern bedecken. So die Schichten mehrmals wiederholen. Die Form abdecken und bei 200°C auf der mittleren Leiste 20 Minuten backen.
Die Abdeckung abnehmen, den restlichen Käse darüberstreuen und weitere 5 bis 10 Minuten backen, bis der Käse goldgelb ist.

Ratatouille und Zitronen-Quark-Speise

Ratatouille (270 kcal):

200 g	**Zwiebeln**
400 g	**grüne Paprika**
300 g	**Zucchini** *oder* **Gurke**
400 g	**Auberginen**
	Zitronensaft
20 g	**Öl**
4 EL	**Wasser**
1/2 TL	**zerkleinerte Rosmarinnadeln**
150 g	**Naturreis**
500 ml	**Wasser**
400 g	**Fleischtomaten**
2	**Gemüsebrühwürfel**
2	**Knoblauchzehen**
1 geh. EL	**Kräuter**
	Pfeffer

Zitronen-Quark-Speise (130 kcal):

300 g	**Magerquark**
200 g	**Joghurt, 3,5 % Fett**
	Saft von 1 Zitrone
1/2 TL	**Vanillemark** *oder* **gemahlene Vanille**
50 g	**Zucker** *oder* **Honig**

So wird's gemacht:

Zwiebeln schälen und in Ringe schneiden. Paprika in Streifen, Zucchini in Scheiben und Auberginen in Würfel schneiden. Auberginen mit Zitronensaft beträufeln. Zwiebeln in Öl-Wasser-Gemisch andünsten. Reis und das Wasser zugeben und alles zugedeckt etwa 30 Minuten bei geringer Hitze garen, die letzten 10 Minuten das zerkleinerte Gemüse und Rosmarin zugeben. Tomaten achteln, mit Gemüsebrühwürfeln und Knoblauch zum Gemüse geben und noch etwa 5 Minuten schmoren lassen. Kräuter dazugeben und mit Pfeffer abschmecken.

Für die Zitronen-Quark-Speise als Dessert den Quark mit Joghurt und evtl. Mineralwasser cremig rühren. Mit Zitronensaft, Vanillemark oder gemahlener Vanille und Zucker oder Honig abschmecken.

Tip Der Reis kann auch separat als Beilage zubereitet werden.

Möhren-Rohkost mit Nußsauce
Kohlrouladen mit Grünkernfüllung und Kartoffeln

Kohlroulade (250 kcal):

600 g	**geputzte Weißkohl-** *oder* **Wirsingblätter**
	Salz
100 g	**Grünkern, geschrotet**
200 g	**Magerquark**
175 - 200 ml	**Kohlbrühe**
60 g	**Zwiebeln**
2	**Gemüsebrühwürfel**
1 EL	**Petersilie**
	Majoran, Muskat, Pfeffer
20 g	**Butter**
100 g	**Tomatenstücke** *oder*
2 gestr. EL	**Tomatenmark**
300 g	**Kartoffeln**

Möhrenrohkost mit Nußsauce (150 kcal):

400 g	**Möhren**
200 g	**Äpfel** *oder* **Birnen**
4 EL	**Zitronensaft**
150 g	**Joghurt, 3,5 % Fett**
4 EL	**frische, gehackte Kräuter**
40 g	**gemahlene Haselnüsse**

So wird's gemacht:

Kohlblätter in wenig kochendem Salzwasser ca. 15 Minuten garen. In dieser Zeit geschroteten Grünkern mit dem Quark und 175 ml Kohlbrühe anrühren und kurze Zeit quellen lassen. Zwiebeln fein würfeln und in wenig Kohlbrühe glasig dünsten. Gemüsebrühwürfel und Grünkernmasse hinzugeben und zu einem dicken Brei einkochen. Mit Petersilie, Majoran, Muskat und Pfeffer kräftig würzen.
Kohlblätter für die Rouladen auslegen, mit Salz bestreuen, mit Grünkernbrei füllen, einrollen und evtl. mit einem Band

umwickeln. In Butter anbraten und mit den gewürfelten Tomaten oder Tomatenmark und etwas Kohlbrühe 20 Minuten bei geschlossenem Topfdeckel garen.
Kartoffeln in wenig Salzwasser garen.
Für den Salat Möhren und Äpfel schälen und raspeln.
Mit einer Sauce aus Joghurt, Zitronensaft, Kräutern und gemahlenen Haselnüssen mischen.

Bohnen-Möhren-Eintopf mit Vollkornbrötchen und Käse

Bohnen-Möhren-Eintopf (220 kcal):

500 g	**grüne Bohnen**
400 g	**Kartoffeln**
100 g	**Zwiebeln**
300 g	**Möhren**
2	**Knoblauchzehen**
1,5 l	**Wasser**
2 TL	**Salz**
2	**Gemüsebrühwürfel**
40 g	**Weizenvollkornmehl**
1 EL	**Sojasauce**
1 EL	**Bohnenkraut**
20 g	**Butter**

4 Vollkornbrötchen (s. Seite 83) (180 kcal):

80 g	**Gouda, 45 % Fett i.Tr.**

So wird's gemacht:

Die Bohnen fein schneiden. Die Kartoffeln und die Zwiebeln würfeln, Knoblauch zerdrücken, die Möhren in Scheiben schneiden. Das Gemüse mit Wasser, Salz, Gemüsebrühwürfeln etwa 30 Minuten kochen. Das Weizenvollkornmehl mit etwas Wasser verrühren, dazugeben und aufkochen. Den Eintopf mit Sojasauce und Bohnenkraut würzen und die Butter darin zerlassen. Dazu werden die Vollkornbrötchen mit Käse gegessen.

Tip Wer auf Butter zum Bestreichen des Brötchens Wert legt, kann sie dafür beim Bohnentopf einsparen.

Reispuffer mit Champignon-Zwiebel-Gemüse

Reisklöße (300 kcal):

100 g	Zwiebeln
4 EL	Wasser
150 g	Naturreis
etwa 400 ml	Wasser
2	Gemüsebrühwürfel
1	Ei
40 g	Gouda, 45 % Fett i.Tr., gerieben
200 g	Porree
4 EL	frische, gehackte Kräuter
2	Knoblauchzehen
1 EL	Majoran
1 EL	Curry
30 g	Weizenvollkornmehl
20 g	Öl zum Braten
	Salz, Pfeffer

Champignon-Zwiebel-Gemüse (100 kcal):

200 g	Zwiebeln
400 g	Möhren
20 g	Öl
4 EL	Wasser
400 g	Champignons
1 EL	Koriander, gemahlen
1 EL	Thymian
4 EL	Petersilie
	Salz, Pfeffer

So wird's gemacht:

Zwiebeln schälen, fein würfeln und im Wasser glasig dünsten. Reis waschen und mit den Zwiebeln kurz andünsten. Wasser und Gemüsebrühwürfel dazugeben und ca. 40 bis 45 Minuten garen, bis der Reis die ganze Flüssigkeit aufgenommen hat. Evtl. noch etwas Wasser zufügen.
In dieser Zeit das Gemüse zubereiten: Zwiebeln schälen und achteln, Möhren schälen und in Scheiben schneiden.
Zwiebeln in Öl und Wasser glasig werden lassen, Möhren dazugeben und etwa 15 Minuten dünsten.
Frische Champignons putzen, waschen und je nach Größe halbieren. Pilze mit Koriander und Thymian zum Gemüse geben und 10 Minuten garen.
Das Gemüse mit Pfeffer und Salz abschmecken und mit Petersilie bestreuen.
Porree putzen und in feine Streifen schneiden, Kräuter hacken, Knoblauch schälen und durchpressen.
Ei, Käse, Porree, Kräuter und Knoblauch unter den gegarten Reis mengen und mit dem Mehl verrühren.
Mit Majoran, Curry, Pfeffer und Salz pikant abschmecken und abkühlen lassen.
Öl in einer Pfanne erhitzen und aus dem Teig kleine Puffer bei mittlerer Hitze langsam backen.

Tip Um die Garzeit vom Reis zu verkürzen, den Reis etwa eine Stunde im Wasser einweichen und dann garen, bis er weich ist.

Grünkern-Bratlinge 300 kcal

150 g	**Grünkern, grob geschrotet**
400 ml	**Gemüsebrühe**
2	**Lorbeerblätter**
2	**Eier**
50 g	**Möhren**
75 g	**Porree**
40 g	**Semmelbrösel** *oder* **Weizenvollkornmehl**
60 g	**Zwiebeln**
4 EL	**Petersilie**
	Salz, Pfeffer
20 g Öl	**zum Braten**

So wird's gemacht:

Grünkernschrot in der Gemüsebrühe mit den Lorbeerblättern aufkochen und bei geringer Energiezufuhr 15 Minuten ausquellen lassen. Ab und zu umrühren.
Geraspelte Möhren, feine Porreestreifen, gehackte Zwiebeln, Eier, Brösel, Salz, Pfeffer und Petersilie untermischen.
Die Masse etwas abkühlen lassen. Im heißen Öl etwa 12 Bratlinge ausbacken. Dazu mit dem Löffel Teig in die Pfanne drücken und langsam braten. Nur einmal wenden!

Tip Essen Sie hierzu Champignon-Zwiebel-Gemüse (Seite 102) oder einen Rohkostsalat.

Gefüllte Paprikaschoten 400 kcal

200 g	**Möhren**
100 g	**Grünkern**
50 g	**Butter**
1/2 l	**Gemüsebrühe**
50 g	**Frühlingszwiebeln, etwa 1 Bund**
100 g	**Gouda, 45 % Fett i.Tr., gerieben**
1 Bund	**gehackte Petersilie**
	Salz, Pfeffer
400 g	**Paprika, farblich gemischt**
30 g	**Weizenvollkornmehl**
75 ml	**Sahne**
50 ml	**Milch, 3,5 % Fett**
1 EL	**Senf**

So wird's gemacht:

Möhren schälen, vierteln und in dünne Scheiben schneiden.
Grünkern in 20 g Butter andünsten, Möhren zugeben und mit 1/4 l Brühe ablöschen. 20 Minuten garen.
Frühlingszwiebeln in Ringe schneiden. Den Käse reiben.
Die Hälfte der Petersilie, die Frühlingszwiebeln und 50 g Käse unter die Grünkernmasse rühren, mit Salz und Pfeffer würzen. Paprikaschoten längs halbieren und mit Grünkernmasse füllen.
In eine gefettete Auflaufform setzen, mit dem restlichen Käse bestreuen und die restliche Brühe zugießen.
Zugedeckt im vorgeheizten Backofen bei 200°C ca. 25 Minuten garen.
Abdeckung entfernen und weitere 10 Minuten backen.
Mehl im restlichen Fett anschwitzen, mit Sahne und Milch ablöschen und 5 Minuten kochen.
Mit Salz, Pfeffer, Senf und Petersilie würzen und zu den Paprikaschoten servieren.

Bunter Maissalat
Spinat-Eier-Pfanne

Spinat-Eier-Pfanne (290 kcal):

600 g	**Spinat**
20 g	**Öl**
400 g	**Kartoffeln**
100 g	**Zwiebeln**
4	**Eier**
200 ml	**Milch, 3,5 % Fett**
40 g	**Gouda, 45 % Fett i.Tr., gerieben**
	Knoblauch
	Pfeffer, Muskat, Salz

Maissalat (110 kcal):

200 g	**Maiskörner aus dem Glas**
400 g	**Paprika**
200 g	**Tomaten**
4 EL	**Obstessig**
10 g	**Öl**
4 EL	**Wasser**
1/2 TL	**Senf**
4 EL	**frische, gehackte Kräuter**
	Pfeffer, Salz

So wird's gemacht:

Tiefgefrorenen Spinat auftauen, frischen Spinat waschen und kleinschneiden. Kartoffeln und Zwiebeln in Scheiben schneiden und in Öl andünsten. Spinat mit Eiern, Milch und Käse verrühren, würzen und über die Kartoffeln geben. Das Ganze zugedeckt 20 Minuten garen.

Inzwischen für den Maissalat Mais abtropfen lassen, Paprika waschen, putzen und in Streifen schneiden.

Tomaten waschen und achteln. Obstessig, Öl, Wasser, Senf und Kräuter vermischen und mit den Gewürzen abschmecken. Sauce unter das Gemüse mengen.

Der Salat ist als Vorspeise, die Spinat-Eier-Pfanne als Hauptspeise gedacht.

Rohkostsalat
Blumenkohl-Grünkern-Auflauf

Blumenkohl-Grünkern-Auflauf (250 kcal):

1 kg	**Blumenkohl, etwa ein Kohl**
	Wasser
	Salz
	ein paar Spritzer Zitronensaft
100 g	**Grünkern**
1/4 l	**Gemüsebrühe**
200 g	**Magerquark**
2	**Eier**
4 EL	**Milch, 3,5 % Fett**
	Pfeffer, Muskatnuß
1 Bund	**Schnittlauch**
	Butter zum Fetten der Auflaufform

So wird's gemacht:

Blumenkohl in Röschen zerteilen und in wenig Wasser mit Salz und Zitronensaft ca. 10 Minuten dünsten.
Grünkern in ca. 1/4 l Gemüsebrühe ca. 40 Minuten garen.
Eine Auflaufform fetten, Blumenkohl und Grünkernkörner hineingeben.
Quark mit Eiern, Milch, Salz, Pfeffer, Muskatnuß und geschnittenem Schnittlauch verrühren und über Blumenkohl und Grünkern geben. Im vorgeheizten Backofen bei 200°C ca. 20 Minuten überbacken.

Dazu gibt es entweder einen Tomatensalat (Seite 125) oder einen Griechischen Bauernsalat (Seite 126).

Hirseauflauf mit Champignons

200 g	**Hirse**
250 ml	**Wasser**
	Salz
300 g	**Möhren**
300 g	**Porree**
20 g	**Butter**
200 g	**Champignons**
100 g	**saure Sahne**
125 ml	**Milch, 3,5 % Fett**
2	**Eier**
50 g	**mittelalter Gouda, 45 % Fett i.Tr.**
1/2 Bund	**Petersilie**
	Butter zum Fetten der Form

So wird's gemacht:

Hirse heiß abwaschen, in einem Topf ohne Fett anrösten und mit 250 ml Wasser aufgießen. Mit Salz würzen, einmal aufkochen und bei ausgeschalteter Platte zugedeckt 15 Minuten ausquellen lassen.

Auflaufform fetten.

Möhren und Porree fein würfeln und in der Butter 5 Minuten zugedeckt dünsten. Mit der Hirse vermischen und in die Auflaufform füllen.

Champignons in dünne Scheiben schneiden, auf den Auflauf legen und leicht andrücken. Saure Sahne und Milch mit den Eiern verrühren, leicht salzen und in die Form gießen.

Den grob geraspelten Käse auf der Oberfläche verteilen.

Den Auflauf im Backofen bei 200°C auf der zweiten Leiste von unten ca. 25 Minuten backen. Die Petersilie fein hacken und über den Auflauf streuen.

Tip Sie können auch andere Gemüsearten verwenden, z. B. Blumenkohl- und Broccoliröschen.

Kartoffelauflauf mit Mozzarella 300 kcal

500 g	**Kartoffeln**
300 g	**Zwiebeln**
2	**Knoblauchzehen**
20 g	**Butter**
1 TL	**körnige Gemüsebrühe**
30 g	**Gouda, 45 % Fett i.Tr.**
1/2 TL	**Kräuter der Provence**
1/2 TL	**Oregano**
1/2 TL	**Thymian**
	Salz, Pfeffer
1	**Ei**
100 ml	**Milch, 3,5 % Fett**
100 g	**Mozzarella**
	Butter zum Fetten der Form

So wird's gemacht:

Zwiebeln grob würfeln und die Knoblauchzehe durchpressen. Butter und 2 EL Wasser in einer Pfanne erhitzen.
Zwiebeln und Knoblauch darin glasig dünsten und die gekörnte Brühe unterrühren. Die Hälfte des geriebenen Goudas mit den Kräutern, Gewürzen und dem Salz mischen.
Eine Auflaufform fetten und die geschälten Kartoffeln in die Form raspeln.
Zwiebel- und Käsemischung unter die Kartoffeln rühren und gleichmäßig in der Form verteilen. Den restlichen Käse darüberstreuen.
Das Ei mit der Milch verquirlen und über den Auflauf gießen.
Den Mozzarella in dünne Scheiben schneiden und darauf verteilen.
Den Auflauf in den auf 200°C vorgeheizten Backofen schieben und ca. 30 Minuten backen, bis die Oberfläche leicht gebräunt ist.
Dazu gibt es einen Rohkostsalat mit etwa 100 kcal.

Roggen-Kartoffel-Auflauf mit Kräuterquark

Roggen-Kartoffel-Auflauf (300 kcal):

60 g	**Roggen**
150 ml	**Wasser**
100 g	**Zwiebeln**
20 g	**Butter**
2	**Eier**
50 g	**saure Sahne**
50 ml	**Milch, 3,5 % Fett**
500 g	**Kartoffeln**
	Salz, Pfeffer
	Butter zum Fetten der Form

So wird's gemacht:

Roggen mit Wasser ca. 60 Minuten garen. Zwiebeln würfeln und in der Butter glasig dünsten, dann den Roggen unterrühren. Zugedeckt noch 10 Minuten weiterdünsten. Die Eier mit der sauren Sahne und der Milch verrühren. Die Kartoffeln schälen und direkt in die Eiermasse raspeln. Die Masse kräftig mit Salz und Pfeffer würzen und die Hälfte in eine gefettete Auflaufform geben. Die Roggen-Zwiebel-Masse daraufgeben, dann die restliche Kartoffelmasse. Auflauf auf der mittleren Schiene bei 200°C ca. 1 Stunde backen.

Dazu gibt es Kräuterquark, Rezept Seite 85, und vorab einen Rohkostteller mit ca. 100 kcal.

Chinakohl auf Tomatenreis

Tomatenreis:

150 g	**Naturreis**
300 ml	**Gemüsebrühe**
1 kleines	**Lorbeerblatt**
100 g	**Zwiebel**
1	**Knoblauchzehe**
10 g	**Butter**
200 g	**Tomaten**
1/2 TL	**Thymian**
1 TL	**Oregano**
	Cayennepfeffer
	Butter zum Fetten der Form

Chinakohl:

100 g	**Gorgonzola**
2 EL	**saure Sahne**
1/4 l	**Gemüsebrühe**
400 g	**Chinakohl**
	Salz
20 g	**gehackte Haselnüsse**

So wird's gemacht:

Naturreis in der Gemüsebrühe mit dem Lorbeerblatt ca. 30 Minuten garen.
Zwiebeln würfeln, Knoblauchzehe durchpressen und in 10 g Butter glasig dünsten und mit den in kleine Würfel geschnittenen Tomaten, den Kräutern und Gewürzen zum Reis geben.
Die Reismischung in eine gefettete Auflaufform geben.
Chinakohl vierteln und in der Gemüsebrühe etwa 15 Minuten garen. Chinakohl auf den Reis legen.
Gorgonzola durch ein feines Sieb streichen, mit der sauren Sahne vermischen, mit Salz würzen und über den Auflauf gießen.
Die Haselnüsse darüberstreuen und im vorgeheizten Backofen bei 200°C ca. 15 Minuten backen.

Fleischgerichte

Indisches Hähnchen mit Curryreis
Eissalat mit Gurken und Tomaten

Indisches Hähnchen mit Curryreis (360 kcal):

400 g	**Hähnchenschenkel, etwa 4 Stück**
	Salz, Pfeffer, Paprikapulver
10 g	**Öl**
100 g	**Zwiebel**
400 g	**Porree**
100 g	**Apfel**
2	**Knoblauchzehen**
1 EL	**Curry**
1 EL	**Paprikapulver**
1 EL	**Tomatenmark**
	Chilipulver
	ein Paar Tropfen Essig
20 g	**Sojasauce**
100 g	**Naturreis**
200 ml	**Wasser**
	Curry, Salz

Eissalat (40 kcal):

200 g	**Eissalat**
200 g	**Salatgurke**
200 g	**Tomaten**
100 g	**Joghurt, 3,5 % Fett**
2 EL	**Obstessig**
	Salz
4 EL	**Kräuter (z. B. Schnittlauch, Petersilie, Dill, Liebstöckel)**

So wird's gemacht:

Naturreis in 200 ml Wasser ca. 30 Minuten garen.
Mit Curry und Salz abschmecken.
Hähnchenschenkel waschen, abtrocknen und mit Salz, Pfeffer und Paprikapulver einreiben. In Öl anbraten und mit etwas Wasser 20 Minuten bei geschlossenem Deckel garen.
Zwiebeln würfeln, Porree in feine Ringe schneiden, Apfel schälen und würfeln.
Alles mit dem zerdrückten Knoblauch in die Pfanne geben und andünsten.
Mit Curry, Paprikapulver, Chilipulver, Pfeffer und Salz würzen.
Tomatenmark, Essig und Sojasauce zugeben und weitere 10 Minuten dünsten.
In dieser Zeit den Salat zubereiten.
Eissalat waschen und in breite Streifen schneiden.
Salatgurke schälen und in Scheiben hobeln. Tomaten waschen und achteln.
Joghurt mit Obstessig, Salz und Kräutern mischen und direkt vor dem Essen über das Gemüse gießen.

Bis die Hähnchenschenkel mit Gemüse und Reis gar sind, kann der Salat bereits als Vorspeise gegessen werden.

Indischer Salat
Putenschnitzel mit Curryreis und Bananensauce

Putenschnitzel (340 kcal, Sauce inkl.):

400 g	**Putenschnitzel**
	Salz, Pfeffer, Paprikapulver
10 g	**Butter**
100 g	**Naturreis**
200 ml	**Wasser**
1/2 TL	**Curry**
	Salz

Kalte Bananensauce:

100 g	**Magerquark**
	etwas Mineralwasser
2 EL	**Zitronensaft**
100 g	**Banane**
1/2 TL	**Senf**
1/2 TL	**Curry**
	Salz, Pfeffer

Indischer Salat (60 kcal):

100 g	**Möhren**
100 g	**Selleriestangen**
100 g	**Radiccio**
200 g	**Radieschen**
100 g	**Kopfsalat**
100 g	**Äpfel**
100 g	**Joghurt, 3,5 % Fett**
4 EL	**Zitronensaft**
	Salz
	evtl. etwas Zucker *oder* Honig

So wird's gemacht:

Naturreis in 200 ml Wasser ca. 30 Minuten garen.
Für den Salat Gemüse und Sauce vorbereiten.
Möhren schälen und raspeln, Selleriestange waschen und in schmale Streifen schneiden.
Radiccioblätter lösen und waschen.
Radieschen waschen und in Scheiben schneiden.
Kopfsalatblätter waschen.
Aus Joghurt, Zitronensaft, Zucker oder Honig und Salz eine Sauce zubereiten.
Äpfel schälen, grob raspeln und bereits in die Sauce geben.
Die Gemüsesorten werden erst kurz vor dem Essen mit der Salatsauce vermischt.
Putenfleisch mit Pfeffer, Salz und Paprikapulver einreiben.
In der Butter braten oder völlig ohne Fett grillen.
In der Zwischenzeit Quark mit etwas Mineralwasser und Zitronensaft cremig rühren.
Banane kleinstampfen und zu der Quarksauce geben.
Mit Senf, Salz, Pfeffer und Curry fein abschmecken.

Den Salat gibt es als Vorspeise, Putenfleisch, Reis und Bananensauce als Hauptgericht.

Geschnetzeltes vom Schwein mit Paprikagemüse

Geschnetzeltes (340 kcal):

400 g **mageres Schweinefleisch (z. B. Schnitzel)**
20 g **Öl**
100 g **Zwiebeln**
Salz, Pfeffer
1 EL **Kräuter der Provence**
500 g **Kartoffeln**
oder
120 g **Naturreis oder Vollkornnudeln**

Paprikagemüse (60 kcal):

800 g **Paprika**
200 g **Tomaten**
100 g **Zwiebeln**
6 EL **Wasser**
1/2 TL **Paprikapulver**
Oregano
Pfeffer, Salz

So wird's gemacht:

Für das Paprikagemüse Paprikaschoten vierteln und in Streifen schneiden. Tomaten häuten und achteln.
Zwiebeln würfeln und im Wasser glasig dünsten.
Tomatenstücke und Paprikastreifen hinzufügen und mit den Gewürzen abschmecken.
Etwa 20 Minuten bei geringer Hitze garen.
Kartoffeln schälen und in wenig Wasser garen.
Schweinefleisch in Streifen schneiden, mit den gewürfelten Zwiebeln im heißen Öl anbraten, mit den Gewürzen abschmecken und 10 Minuten bei schwacher Hitze garen.

Hackfleischklopse 300 kcal

400 g	**Rindergehacktes**
200 g	**Magerquark**
2 TL	**Senf**
	Salz, Pfeffer
1/2 TL	**Thymian**
1/2 TL	**Majoran**
20 g	**Öl zum Braten**

So wird's gemacht:

Hackfleisch mit Quark mischen.
Mit Senf, Salz, Pfeffer, Thymian und Majoran kräftig abschmecken.
Kleine Bällchen formen, in heißem Öl anbraten und bei geschlossenem Deckel gar ziehen lassen.

Tip Dazu schmecken sehr gut Champignon-Zwiebel-Gemüse (Rezept Seite 102) oder die Bunte Salatschüssel (Rezept Seite 120) mit jeweils ca. 100 kcal.

Fischgerichte

Fischfilet im Porreebett

1 kg	Porree
20 g	Butter
1 EL	Paprika
1/2 TL	Paprika, rosenscharf
	Salz
	Pfeffer
2 Bund	Schnittlauch
100 g	Saure Sahne
600 g	Seelachsfilet
2 EL	Zitronensaft

So wird's gemacht:

Porree putzen, in Ringe schneiden und in zerlassener Butter andünsten. Würzen und etwa 5 Minuten weiter dünsten. Schnittlauch abspülen, in Röllchen schneiden und mit saurer Sahne unter das Gemüse geben. Das Gemüse in eine gefettete Auflaufform füllen.

Fischfilet abspülen, mit Zitronensaft beträufeln und mit Salz bestreuen. Mit einem Löffel eine Mulde in das Gemüse drücken, Fisch hineinlegen und mit Gemüse bedecken.

Gas: Stufe 3 Strom: 200°C Garzeit: 25 – 30 Minuten

Dazu paßt: Naturreis

Tip Statt Porree können auch 1 kg Paprikaschoten und 500 g Zwiebeln genommen werden.

Forelle blau mit Kartoffeln
Bunter Salat

Forelle blau mit Kartoffeln (300 kcal):

4	**Forellen, à 200 g**
	Salz-Essig-Wasser (Konzentration: 200 ml Essig und 2 TL Salz auf 2 l Wasser)
40 g	**Porree**
20 g	**Butter**
4 EL	**Zitronensaft**
400 g	**Kartoffeln**

Bunter Salat (100 kcal):

200 g	**Blattsalat**
200 g	**Radieschen**
400 g	**Salatgurke**
20 g	**Öl**
2 EL	**Essig**
2 EL	**Wasser**
100 g	**Zwiebeln**
2 TL	**Senf**
4 TL	**frische, gehackte Kräuter**
	Pfeffer, Salz

So wird's gemacht:

Kartoffeln schälen und kochen. Forellen ca. 10 Minuten in kochendem Salz-Essig-Wasser mit dem Porree gar ziehenlassen.
Für den Salat Blattsalat waschen, Radieschen in Scheiben, Gurke schälen und ebenfalls in Scheiben schneiden.
Aus Öl, Essig, Wasser, gehackten Zwiebeln, Senf, Kräutern und Gewürzen eine Marinade bereiten.
Das Gemüse dazugeben. Der Salat kann vorab oder auch zu den Forellen und den Kartoffeln gegessen werden.
Die Forellen werden vor dem Servieren mit zerlassener Butter und Zitronensaft beträufelt.

Indischer Zimtfisch mit Kartoffeln
Bunte Salatschüssel

Indischer Zimtfisch (300 kcal, Sauce inkl.):

600 g	**Rotbarschfilet *oder* Seelachsfilet**
	Salz
	Zitronensaft
400 g	**Tomaten**
100 g	**Zwiebeln**
	Pfeffer
	evtl. etwas Zucker *oder* Honig
1 - 2 Stangen	**Zimt**
2 EL	**Essig**
400 g	**Kartoffeln**

Sauce:

20 g	**Butter**
20 g	**Weizenvollkornmehl**
20 g	**geriebener Käse**
2 TL	**Edelsüßpaprika**

Salatschüssel (100 kcal):

200 g	**Tomaten**
400 g	**Paprikaschoten**
400 g	**Gurke**
200 g	**Römischer Salat *oder* Kopfsalat**
100 g	**Zwiebeln**
4 EL	**frische, gehackte Kräuter**
	Salz, Pfeffer
	evtl. etwas Zucker *oder* Honig
4 EL	**Zitronensaft**
4	**Spritzer Obstessig**
200 g	**Joghurt, 3,5 % Fett**

So wird's gemacht:

Kartoffeln schälen und kochen.
Fischfilet waschen, trockentupfen, in 8 - 12 Stücke schneiden, salzen und mit Zitronensaft beträufeln.
Tomaten häuten, in Würfel schneiden, mit den feingehackten Zwiebeln, Zucker oder Honig, Pfeffer, Zimt und Essig kurz aufkochen. Zimt aus dem Sud nehmen.
Fisch etwa 10 Minuten bei mittlerer Hitze darin garen.
Fisch aus dem Sud nehmen.
Flüssigkeit sämig schlagen oder durchsieben.
Weizenvollkornmehl mit soviel Wasser anrühren, daß man mit dem Tomatensud ca. 4 Tassen Sauce erhält. Vollkornmehl in die Sauce rühren und kräftig durchkochen. Eventuell nochmals mit Zimt abschmecken.
Fisch in eine feuerfeste Form geben, mit der Sauce übergießen, mit Paprika und Reibkäse bestreuen.
Zimtfisch 10 Minuten bei 200°C überbacken.
Für die Salatschüssel Tomaten waschen, achteln. Paprika waschen, vierteln und in Streifen hobeln. Zwiebeln schälen, in Scheiben schneiden, Salat in einzelne Blätter zerlegen, waschen, in Streifen schneiden.
Für die Salatsauce alle Zutaten mischen, kräftig abschmecken, kurz vor dem Servieren über das zerkleinerte Gemüse gießen und mischen.
Der Salat ist als Vorspeise gedacht.

Tip Wird nur eine Portion zubereitet, ist es nicht sinnvoll, den Fisch im Backofen zu überbacken (zu hoher Energieaufwand). Der Fisch kann in dem Fall direkt in die Sauce gegeben, mit Käse und Paprika bestreut werden und weitere 10 bis 15 Minuten auf der Kochplatte bei schwacher Hitze ziehen, bis der Käse zerlaufen ist.

Abendessen

für 4 Personen (250 kcal pro Person)

Vorbemerkung:
Um angesichts der geringen Energiemenge von 250 kcal möglichst satt zu werden, sollten Sie auch diese Mahlzeit mit einer Rohkost beginnen.
Wir empfehlen Ihnen für das Abendessen unter anderem Rohkost-Salate mit Brot.

Für die Brotmahlzeit können Sie die Rezepte für die belegten Brote aus den „Zwischenmahlzeiten" mit einem Rohkost-Salat der Jahreszeit kombinieren. Bei der Zubereitung der Frischkost sind Ihrer Phantasie keine Grenzen gesetzt.

Zur Anregung stellen wir Ihnen auch einige Rezepte für Salatsaucen vor.

Rohkost-Salate mit Brot

Rote-Rüben-Rohkost 100 kcal

400 g	**rote Rüben**
200 g	**Äpfel**
200 g	**Joghurt, 3,5 % Fett**
1 EL	**Zitronensaft**
2 TL	**Meerrettich**
	Salz

So wird's gemacht:

Die Rüben und die Äpfel schälen, raspeln und mit Zitronensaft beträufeln, damit die Äpfel nicht braun werden. Joghurt und Meerrettich untermischen und mit Salz abschmecken.

Dazu pro Person:

1 Scheibe	**Vollkornbrot, 40 g, mit**
5 g	**Butter und**
2 kl. Scheiben	**Lachsschinken, 15 g**

Tip Sehr gut schmeckt diese Frischkost mit gehackten Nüssen. Wer die Butter als Brotbelag einspart, kann dafür einen Teelöffel Nüsse pro Person zum Salat geben.

Krautsalat 100 kcal

600 g	**Weißkohl**
2 EL	**Öl, 20 g**
4 EL	**Wasser**
4 EL	**Essig**
1 TL	**Senf**
4 EL	**Kräuter**
100 g	**Zwiebeln**
	Salz, Pfeffer, Kümmel
	evtl. Knoblauch

So wird's gemacht:

Den Weißkohl putzen, waschen und den harten Strunk herausschneiden. Das Kraut in feine Streifen hobeln und kurz stampfen.
Aus Öl, Wasser, Essig eine Marinade rühren.
Senf, Kräuter und gehackte Zwiebeln zugeben und mit den Gewürzen abschmecken.
Die Sauce über den Weißkohl geben und kurze Zeit ziehenlassen.

Dazu pro Person:

1	**Vollkornbrötchen, 50 g, mit**
50 g	**Kräuterquark und**
1	**Tomate, 50 g**

Waldorfsalat 100 kcal

200 g	**Sellerie**
200 g	**Äpfel**
1 EL	**Zitronensaft**
4	**Walnußkerne**
20 g	**Rosinen, 2 EL**
2	**Mandarinen** *oder* **1 Apfelsine**
150 g	**Joghurt, 3,5 % Fett**
	Salz

So wird's gemacht:

Sellerie und Äpfel schälen und fein raspeln. Mit Zitronensaft beträufeln, damit die Äpfel nicht braun werden.
Die Walnußkerne grob hacken, mit den Rosinen und den in Stücke geschnittenen Mandarinen oder der Apfelsine unter Sellerie und Äpfel mischen.
Mit etwas Salz abschmecken und den Joghurt unterziehen.

Dazu pro Person:

1	**Scheibe Vollkornbrot, 40 g, mit**
3 g	**Butter , 1/2 TL, und**
2 Scheiben	**Lachsschinken, 25 g**

Gurkensalat mitt Dill-Dressing 100 kcal

800 g	**Salatgurke**
250 g	**Joghurt, 3,5 % Fett**
2 EL	**Essig**
2	**Knoblauchzehen**
100 g	**Zwiebeln**
2 EL	**Dill**
	Salz, Pfeffer

So wird's gemacht:

Die Gurken schälen und erst in 1/2 cm dicke Scheiben, dann in dünne Stifte schneiden.
Den Joghurt mit dem Essig verrühren.
Die Knoblauchzehen schälen und durch die Knoblauchpresse in die Sauce drücken.

Die Zwiebeln schälen, in kleine Würfel schneiden und zur Sauce geben. Mit Salz und Pfeffer würzen und mit dem Dill unter die Gurkenstifte mischen.

Dazu pro Person:

1	**Scheibe Vollkornbrot, 40 g,**
5 g	**Butter , 1 TL, und**
1 Scheibe	**Tilsiter, 20 g**

Tomatensalat mit körnigem Frischkäse 150 kcal

800 g	**Tomaten**
200 g	**Zwiebeln**
4 EL	**frische, gehackte Kräuter**
	Pfeffer, Salz
300 g	**körniger Frischkäse**
8	**Salatblätter zum Garnieren**

So wird's gemacht:

Die Tomaten waschen und in Scheiben, Zwiebel schälen und in feine Ringe schneiden.
Die gewaschenen und fein gehackten Kräuter zugeben und mit Salz und Pfeffer würzen.
Zum Schluß den körnigen Frischkäse untermischen.
Den Salat auf den Salatblättern anrichten.

Dazu pro Person:

1 Scheibe	**Vollkornknäcke, 10 g,**
3 g	**Butter, 1/2 TL, und**
20 g	**Briekäse, 50 % Fett i.Tr.**
	oder
40 g	**Putenbrust**

Weizenkeimsalat 150 kcal

200 g	**Feldsalat**
200 g	**Äpfel**
200 g	**Apfelsine**
100 g	**gekeimte Weizenkörner, 8 EL**
100 g	**körniger Frischkäse**
20 g	**Öl**
3 EL	**Essig**
	Salz, Pfeffer

So wird's gemacht:

Den Feldsalat putzen, waschen und gut abtropfen lassen. Die Äpfel waschen, abtrocknen, das Kerngehäuse entfernen und ungeschält in kleine Scheiben schneiden. Die geschälte Apfelsine filetieren, die Spalten zweimal durchschneiden und dabei Kerne entfernen. Den Feldsalat, die Apfelscheiben und die Orangenstücke mischen und die Weizenkörner darüberstreuen. Das Öl mit Essig, Salz und Pfeffer mischen und unter den Salat heben. Den körnigen Frischkäse über den Salat verteilen.

Dazu pro Person:

1 Scheibe	**Knäckebrot, 10 g, mit**
1 Scheibe	**Edamer, 25 g**

Hinweis: Denken Sie daran, die Weizenkörner 3 Tage vor der Salatzubereitung zum Keimen anzusetzen. Genaue Hinweise zum Keimen finden Sie auf Seite 80.

Griechischer Bauernsalat 150 kcal

200 g	**Paprika**
100 g	**Zwiebeln**
400 g	**Tomaten**
400 g	**Salatgurke**
100 g	**Schafskäse**
20	**Oliven**
20 g	**Öl**
3 EL	**Essig**
3 EL	**Wasser**
4 EL	**frische, gehackte Kräuter**
	Salz, Pfeffer

So wird's gemacht:

Paprika vierteln und in Streifen schneiden. Zwiebeln in dünne Scheiben schneiden. Tomaten achteln und die Salatgurke in Würfel schneiden. Schafskäse in kleine Stücke schneiden.
Für die Sauce Öl, Essig und Wasser verrühren und Kräuter dazugeben. Mit Salz und Pfeffer abschmecken und mit den Oliven dekorieren.

Dazu pro Person:

1	**Scheibe Knäckebrot, 10 g, mit**
25 g	**Kräuterquark**

Ländlicher Käsesalat 150 kcal

120 g	**Tilsiter, 30 % Fett i.Tr.**
200 g	**Zwiebeln (evtl. rote Zwiebeln** *oder* **Gemüsezwiebeln)**
3 EL	**Obstessig**
1 TL	**scharfer Senf**
	Salz, Pfeffer
20 g	**Öl**
200 g	**säuerliche Äpfel, z. B. Boskop**
2 EL	**gehackte Petersilie**

So wird's gemacht:

Käse in schmale Streifen schneiden. Zwiebeln in dünne Scheiben schneiden. Essig mit Senf, Salz, Pfeffer und Öl verrühren. Äpfel schälen, in feine Streifen schneiden und unter die Sauce mischen. Käse dazugeben und 20 Minuten durchziehen lassen.
Zum Schluß die Petersilie darüberstreuen.

Dazu pro Person:

1/2 Scheibe	**Vollkornbrot, 20 g, mit**
25 g	**Kräuterquark und**
50 g	**Tomate**

Möhren-Rohkost mit Schinken — 150 kcal

200 g	**Lachsschinken**
1 EL	**Senf**
400 g	**Möhren**
2 TL	**geriebener Meerrettich**
	Salz
1 EL	**Zitronensaft**
2 EL	**Petersilie**

So wird's gemacht:

Die Schinkenscheiben mit Senf bestreichen und aufrollen. Die Röllchen rund um den Tellerrand legen. Die Möhren fein raffeln und mit Meerrettich, Salz und Zitronensaft abschmecken. In die Mitte auf den Teller geben und mit gehackter Petersilie bestreuen.

Dazu pro Person:

1 Scheibe	**Vollkornbrot, 40 g, mit**
5 g	**Butter, 1 TL**

Bunter Sprossensalat — 100 kcal

50 g	**Sprossen, etwa 1 Tasse (Keimvorgang wie beim Weizen, siehe S. 80)**
300 g	**Paprika, 1 gelbe und 1 rote**
100 g	**Möhren**
50 g	**Zwiebeln**
100 g	**Tomaten**
400 g	**Salatgurke**
2 EL	**Öl, 20 g**
2 EL	**Essig**
	Salz, Pfeffer
1/2 TL	**Senf**
	ein paar Spritzer Zitronensaft
2 EL	**Dill**

So wird's gemacht:

Die Salatgurke schälen, fein raspeln, die übrigen Gemüse fein schneiden und alles mit den Sprossen vermischen. Öl, Essig, Dill und Gewürze zu einer Sauce vermischen und kurz vor dem Essen unter das Gemüse mischen.

Dazu pro Person:

1 Scheibe	**Knäckebrot, 10 g**
3 g	**Butter, 1/2 TL**
20 g	**Gouda-Käse, 45 % Fett i.Tr.**

Hafersalat rustikal

100 g	**Haferkörner**
300 ml	**Gemüsebrühe**
50 g	**Zwiebeln**
200 g	**körniger Frischkäse**
100 g	**Essiggurken**
100 g	**Tomaten**
200 g	**Paprika**
1 Beet	**Kresse**
20 g	**Öl**
1 EL	**Zitronensaft**
1	**Knoblauchzehe**
	Salz, Korianderpulver

So wird's gemacht:

Hafer in der Gemüsebrühe ca. 20 Minuten garen.
Zwiebel, Essiggurken, Tomaten und Paprika in Würfel schneiden.
Für die Sauce Öl, Zitronensaft, durchgedrückte Knoblauchzehe, Salz und Koriander miteinander verrühren und mit dem kleingeschnittenen Gemüse mischen.
Hafer untermengen.
Den körnigen Frischkäse locker unter den fertigen Salat geben und mit der Kresse bestreuen.

Porreesalat — 100 kcal

500 g Porree
1 hartgekochtes Ei
50 g Frühlingszwiebeln
1 Bund Petersilie
1 EL Kapern
2 EL Öl, 20 g
1 EL Essig
Salz, Pfeffer

So wird's gemacht:

Lauch schräg in Scheiben schneiden und in wenig Wasser 2 Minuten kochen. Anschließend abgießen und trockentupfen. Frühlingszwiebeln und Petersilie kleinschneiden und mit gehacktem Ei, Kapern, Öl, Essig, Salz und Pfeffer vermischen. Sauce über den Lauch geben und unterheben.

Dazu pro Person:

1 Vollkornbrötchen, 50 g, mit
5 g Butter, 1 TL

je 4 Portionen — Salatsaucen für Rohkost-Salate

Joghurt-Kräuter-Sauce — 40 kcal pro Person

200 g Joghurt, 3,5 % Fett
1 EL Zitronensaft
1 TL Senf
4 EL frische, gehackte Kräuter
Salz

Paßt zu allen Gemüsearten.

Kräuter-Marinade — 60 kcal pro Person

2 EL	Öl, 20 g
3 EL	Essig
3 EL	Wasser
100 g	Zwiebeln, fein gehackt
1 EL	Senf
2 EL	frische, gehackte Kräuter
	Pfeffer, Salz

Paßt zu allen Gemüsearten.

Joghurt-Nuß-Sauce — 70 kcal pro Person

200 g	Joghurt, 3,5 % Fett
1 EL	Zitronensaft
4 EL	Petersilie *oder* Dill
20 g	Haselnüsse gemahlen

Paßt zu: Möhren, Fenchel, Chicoree, Staudensellerie, Blumenkohl, Chinakohl, Eisbergsalat.

Joghurt-Orangen-Sauce — 60 kcal pro Person

200 g	Joghurt, 3,5 % Fett
1 EL	Zitronensaft
1 EL	Orangensaft
100 g	Apfel, gerieben
100 g	Apfelsine, in kleine Stücke geschnitten

Paßt zu: Sellerie, Möhren, Eisbergsalat, Kopfsalat, Chicoree.

Sauce Vinaigrette — 60 kcal pro Person

2 EL	Öl, 20 g
1 EL	Essig
3 EL	Wasser
4 EL	frische, gehackte Kräuter
40 g	Zwiebeln, fein gehackt
100 g	Tomaten, in Stücke geschnitten
100 g	Gewürzgurke, in Würfel geschnitten

Paßt zu: Paprika, Blattsalaten.

250 kcal Suppen und warme Gerichte

Joghurtsuppe nach Balkanart 170 kcal

300 g	**tiefgefrorenes Balkangemüse**
200 g	**Joghurt, 3,5 % Fett**
	Salz, Pfeffer
2 EL	**Dill**
1	**Knoblauchzehe**

So wird's gemacht:

Das Tiefkühlgemüse unaufgetaut in wenig Salzwasser 4 Minuten bei milder Hitze garen, anschließend in der Garflüssigkeit abkühlen lassen.

Den Joghurt mit Salz, Dill, Pfeffer und dem gepreßten Knoblauch vermischen und abschmecken.

Das Balkangemüse mit der Garflüssigkeit unter die Joghurtsuppe mischen.

Dazu pro Person:

1/2	**Vollkornbrötchen mit**
3 g	**Butter, 1/2 TL**

Porreesuppe 150 kcal

400 g	**Porree**
100 g	**Zwiebeln**
2 EL	**Öl, 20 g**
2 EL	**Wasser**
1200 ml	**Wasser**
2	**Gemüsebrühwürfel**
40 g	**Weizenvollkornmehl**
80 g	**saure Sahne**
1/2 TL	**Curry**
1/2 TL	**Majoran**
2 EL	**Petersilie**

So wird's gemacht:

Lauch putzen, waschen und in feine Ringe schneiden. Zwiebeln schälen und fein würfeln. Lauchringe und Zwiebelwürfel mit Öl und 2 EL Wasser ca. 3 Minuten dünsten.
1 l Wasser und die Gemüsebrühwürfel hinzugeben. Auf kleiner Flamme ca. 20 Minuten garen, bis der Porree weich ist. Das Vollkornmehl mit den restlichen 200 ml Wasser anrühren, unter den Porree mischen und 5 Minuten bei kleiner Hitze ziehen lassen. Die saure Sahne hineinrühren und mit den Gewürzen abschmecken.

Dazu pro Person:

1 Scheibe Knäckebrot, 10 g, mit
3 g Butter , 1/2 TL, und
20 g Edamer, 30 % Fett i.Tr.

Überbackene Käse-Tomaten 130 kcal

4 Fleischtomaten, 600 g
150 g Schäfskäse
Basilikum
Pfeffer
Butter zum Fetten der Form

So wird's gemacht:

Tomaten waschen und waagerecht halbieren.
Das Fruchtfleisch mit einem Löffel herausnehmen und kleinhacken. Den Schafskäse zerbröckeln und mit dem Tomaten-Fruchtfleisch vermischen. Mit Pfeffer und einigen Basilikum-Blättern würzen und in die Tomatenhälften füllen.
Eine Auflaufform fetten, die Tomatenhälften hineinsetzen und im vorgeheizten Backofen bei 200°C ca. 15 Minuten überbacken.

Dazu pro Person:

1 Grünkernbratling
oder
1 Vollkornbrötchen mit
3 g Butter, 1/2 TL

Möhren-Puffer 150 kcal

600 g	Möhren
2	Eier
40 g	Weizenvollkornmehl
	Salz, Pfeffer
2 EL	Petersilie
2 EL	Öl zum Braten, 20 g

So wird's gemacht:

Möhren schälen und raspeln. Mit den anderen Zutaten mischen und im heißen Öl Puffer ausbacken.
Essen Sie dazu 1 Pellkartoffel mit Kräuterquark (Seite 136).

Tip Die Puffer können auch aus Zucchini hergestellt werden.

Pürierte Möhrensuppe 200 kcal

500 g	Möhren
100 g	Zwiebeln
30 g	Butter
1 Beet	Kresse
750 ml	Gemüsebrühe
125 ml	Sahne
1 EL	Curry
1 EL	Zitronensaft
	Salz, Pfeffer

So wird's gemacht:

Möhren putzen, in Scheiben schneiden. Zwiebeln pellen und in Ringe schneiden.
400 g Möhren und die Zwiebeln in der Butter andünsten.
Curry dazugeben, kurz anschwitzen und mit der Gemüsebrühe auffüllen und zugedeckt 15 Minuten garen.
Die Suppe pürieren. Sahne und die restlichen Möhrenscheiben zufügen und nochmals 5 Minuten garen.
Mit Zitronensaft, Salz und Pfeffer würzen und mit der Kresse garniert servieren.

Dazu gibt es 1/2 Vollkornbrötchen.

Pizzapfannkuchen

100 g	**Weizenvollkornmehl**
2	**Eier**
4 EL	**Mineralwasser**
100 ml	**Milch, 3,5 % Fett**
	Salz
200 g	**Tomaten**
200 g	**Paprika**
400 g	**Zucchini**
2 EL	**Öl, 20 g**
40 g	**Edamer, 30 % Fett i.Tr., gerieben**
1 TL	**Oregano**
1 EL	**frische, gehackte Kräuter**

So wird's gemacht:

Das Mehl mit den Eiern, dem Mineralwasser und der Milch verrühren, bis ein glatter Teig entstanden ist.
Mit Salz würzen.
Tomaten häuten und in Scheiben, Paprika in Streifen schneiden, Zucchini in Würfel schneiden.
Pro Pfannkuchen 1 TL Öl in der Pfanne erhitzen und 1/4 des Teiges in die Pfanne gießen.
Die Wärmezufuhr stark drosseln und das Gemüse auf dem Pfannkuchen gleichmäßig verteilen.
Den Käse und die Gewürze darüberstreuen und backen, bis der Käse Fäden zieht.

Sellerie-Kuchen mit Tomaten

1 kg Knollensellerie, etwa eine Knolle
30 g gehackte Haselnüsse
80 g Gouda, 45 % Fett i.Tr.
2 Eier
30 g Vollkornmehl
3 EL Milch, 3,5 % Fett
Salz, Pfeffer
500 g Tomaten
1/2 Bund Petersilie

So wird's gemacht:

Sellerie schälen, waschen, grob raspeln und die Haselnüsse zugeben. Gouda grob raspeln, Tomaten waschen und in Scheiben schneiden, Petersilie waschen und fein hacken.
Eier, Mehl und Milch verrühren und zum Selleriegemisch geben. Mit Salz und Pfeffer würzen.
Die Masse auf ein gefettetes Backblech geben und bei 225°C 15 Minuten auf der zweiten Leiste von unten backen.
Dann mit den Tomatenscheiben belegen, würzen, mit Käse bestreuen und alles noch ca. 5 Minuten überbacken.
Mit Petersilie bestreut servieren.

Pellkartoffeln mit Kräuterquark und Forellenfilet

400 g Kartoffeln

Kräuterquark:

150 g Magerquark
300 g Joghurt, 3,5 % Fett
1 EL Zitronensaft
1 – 2 Knoblauchzehen
5 EL frische, gehackte Kräuter
Salz, Pfeffer

So wird's gemacht:

Kartoffeln als Pellkartoffeln kochen. Quark, Joghurt und Zitronensaft cremig rühren. Mit durchgepreßtem Knoblauch, Kräutern, Salz und Pfeffer würzen.

Dazu pro Person:

1	**kleines geräuchertes Forellenfilet, 80 g**

Hackfleischkugeln mit Quark-Sauce (Tsatsiki)

Hackfleischkugeln (16 Stück):

200 g	**Rindergehacktes**
80 g	**Magerquark**
40 g	**Zwiebeln**
1/2 TL	**Thymian**
1/2 TL	**Majoran**
	Pfeffer, Salz
2 EL	**Öl, 20 g**

Quark-Sauce:

100 g	**Magerquark**
300 g	**Joghurt, 3,5 % Fett**
1 EL	**Zitronensaft**
	Pfeffer, Salz
1 – 2	**Knoblauchzehen**
400 g	**Gurke**

So wird's gemacht:

Gehacktes mit Quark und gehackten Zwiebeln gut vermengen. Mit Thymian, Majoran, Pfeffer und Salz würzen.
16 kleine Kugeln formen, im Öl anbraten und bei schwacher Hitze fertig garen.
In der Zwischenzeit Quark mit Joghurt, Zitronensaft, Pfeffer, Salz und dem durchgepreßten Knoblauch zu einer dickflüssigen Sauce verrühren.
Erst kurz vor dem Essen die Gurke schälen, in die Sauce raspeln und zu den Hackfleischkugeln servieren.

Rezeptregister

A
Äpfel, Möhren-~-Rohkost 97
Auflauf, Blumenkohl-Grünkern- ~ 107
Auflauf, Hirse ~ mit Champignons 108
Auflauf, Kartoffel-Porree- ~ 96
Auflauf, Kartoffel ~ mit Mozarella 109
Auflauf, Roggen-Kartoffel- ~ mit Kräuterquark 110
Auflauf, Wirsing ~ 98

B
Bananensauce, Putenschnitzel mit Curryreis und ~ 114
Bauernsalat, Griechischer 126
Belegte Brötchen 86
Bisquitrolle mit Quark und Erdbeeren 95
Blumenkohl-Grünkern-Auflauf 107
Bohnen-Möhren-Eintopf 101
Bratlinge, Grünkern- ~ 104
Brötchen, belegte 86
Buchweizenbisquit mit Obst 91
Bunte Salatschüssel . . . 120
Bunter Maissalat 106
Bunter Quark 85
Bunter Salat. 119
Bunter Sprossensalat . 128

C
Champignon-Zwiebel-Gemüse 102
Champignons, Hirseauflauf mit ~ . . . 108
Chinakohl auf Tomatenreis 111
Curryreis, Indisches Hähnchen mit ~ 112
Curryreis, Putenschnitzel mit ~ und Bananensauce . . . 114

D
Dill-Dressing, Gurkensalat mit ~ . . . 124

E
Eierquark 85
Eier, Spinat- ~ -Pfanne 106
Eissalat mit Gurken und Tomaten 112

F
Fenchel mit Nuß-Sauce und Pellkartoffeln. 97
Fisch, Indischer Zimt ~ mit Kartoffeln 120
Fischfilet im Porreebett 118
Forelle blau mit Kartoffeln 119
Forellenfilet, Pellkartoffeln mit Kräuterquark und ~ 136
Frischkornbrei mit Obst der Jahreszeit 79

G
Gebackener Käsekuchen 93
Gefüllte Honigmelone 89
Gefüllte Paprikaschoten 105
Gemüse, Champignon-Zwiebel- ~ 102
Geschnetzeltes vom Schwein mit Paprikagemüse 116
Getreide, Müsli aus gemischtem ~ 80
Griechischer Bauernsalat 126
Grünkern, Kohlrouladen mit ~ füllung und Kartoffeln 100
Grünkern, Blumenkohl- ~ -Auflauf. 107
Grünkern-Bratlinge . . . 104
Gurkensalat mit Dill-Dressing 124

H
Hackfleischklopse 117
Hackfleischkugeln mit Quark-Sauce 137
Hähnchen, Indisches ~ mit Curryreis 112
Hafersalat rustikal. . . . 129
Herbstlicher Obstsalat . 90
Hirseauflauf mit Champignons 108
Honigmelone, gefüllte . 89

I
Indischer Salat 114
Indischer Zimtfisch mit Kartoffeln 120
Indisches Hähnchen mit Curryreis 112

J
Joghurt, Obst- ~ 88
Joghurt-Kräuter-Sauce 130
Joghurt-Nuß-Sauce . . . 131
Joghurt-Orangen-Sauce 131
Joghurtsuppe nach Balkanart. 132

K
Käse, Ländlicher ~ salat 127
Käse-Tomaten, Überbackene ~ 133
Käsekuchen, gebackener ~ 93
Käsesalat, Ländlicher . 127
Kartoffel, Roggen- ~ -Auflauf mit Kräuterquark 110
Kartoffeln, Indischer Zimtfisch mit ~ 120
Kartoffelauflauf mit Mozarella 109
Kartoffel-Porree-Auflauf 96
Klopse, Hackfleisch ~ . 117
Körniger Frischkäse, Tomatensalat mit ~ . 125
Kohlrouladen mit Grünkernfüllung und Kartoffeln 100
Kräuter, Joghurt-~ -Sauce 130
Kräuter-Marinade 131
Kräuterquark 85
Kräuterquark, Roggen-Kartoffel-Auflauf mit ~ 110
Kräuterquark, Pellkartoffeln mit ~ und Forellenfilet 136
Krautsalat 123
Kuchen, Sellerie- ~ mit Tomaten 136

L
Ländlicher Käsesalat . . 127

M
Maissalat, bunter 106
Marinade, Kräuter- ~ . 131
Milch-Obst-Shake 88
Mischbrot, schnelles Weizen-Roggen- ~ (Grund-Rezept). 82
Möhren, Bohnen- ~ -Eintopf 101
Möhren-Apfel-Rohkost. 97

Möhren-Rohkost mit Nußsauce 100
Möhren-Rohkost mit Schinken 128
Möhren-Puffer 134
Möhrensuppe, Pürierte ~ 134
Mozarella, Kartoffelauflauf mit ~ 109
Müsli aus gekeimten Weizenkörnern....... 80
Müsli aus gemischtem Getreide 80

N

Nuß, Joghurt- ~ -Sauce 131
Nuß-Sauce, Fenchel mit ~ und Pellkartoffeln .. 97
Nußsauce, Möhren-Rohkost mit ~ 100

O

Obst der Jahreszeit, Frischkornbrei mit ~ .. 79
Obst, Buchweizenbisquit mit ~ 91
Obst, Milch- ~ -Shake .. 88
Obst-Joghurt......... 88
Obst-Quark 88
Obstsalat für Winter und Frühling 90
Obstsalat, sommerlicher ~ 90
Obstsalat, herbstlicher ~ 90
Obsttorte 92
Orangen, Joghurt- ~ -Sauce 131

P

Paprikagemüse, Geschnetzeltes vom Schwein mit ~ 116
Paprikaschoten, gefüllte 105
Pellkartoffeln, Fenchel mit Nuß-Sauce und ~ . 97
Pellkartoffeln mit Kräuterquark und Forellenfilet 136
Pfannkuchen, Pizza ~ 135
Pizzapfannkuchen ... 135
Porree, Fischfilet im ~ bett 118
Porree, Kartoffel- ~ -Auflauf 96
Porreesalat 130
Porreesuppe 132
Pürierte Möhrensuppe 134
Puffer, Möhren- ~ ... 134
Putenschnitzel mit Curryreis und Bananensauce 114

Q

Quark, Bunter ~ 85
Quark, Eier ~ 85
Quark, Kräuter ~ 85
Quark, Obst- ~ 88
Quark, Zitronen- ~ -Speise 99
Quark-Sauce, Hackfleischkugeln mit ~ .. 137

R

Ratatouille 99
Reispuffer 102
Roggen, schnelles Weizen- ~ -Mischbrot (Grund-Rezept)....... 82
Roggen-Kartoffel-Auflauf mit Kräuterquark.............. 110
Rohkost, Möhren-Apfel- ~ 97
Rohkost, Möhren- ~ mit Schinken 128
Rohkost, Rote-Rüben- ~ 122
Rote-Rüben-Rohkost .. 122

S

Salat, Bunter ~ 119
Salat, Bunter Sprossen ~ 128
Salat, Griechischer Bauern ~ 126
Salat, Gurken ~ mit Dill-Dressing 124
Salat, Hafer ~ rustikal . 129
Salat, Indischer ~ 114
Salat, Kraut ~ 123
Salat, ländlicher Käse~ 127
Salat, Porree ~ 130
Salat, Sauerkraut- ~ ... 96
Salat, Tomaten ~ mit körnigem Frischkäse .. 125
Salat, Waldorf ~ 124
Salat, Weizenkeim ~ .. 126
Salatschüssel, bunte ~ 120
Sauce, Joghurt-Kräuter- ~ 130
Sauce, Joghurt-Nuß- ~ 131
Sauce, Joghurt-Orangen- ~ 131
Sauce Vinaigrette 131
Sauerkraut-Salat 96
Schinken, Möhren-Rohkost mit ~ 128
Schnelles Weizen-Roggen-Mischbrot (Grund-Rezept)....... 82
Schwein, Geschnetzeltes vom ~ mit Paprikagemüse 116
Sellerie-Kuchen mit Tomaten 136
Shake, Milch-Obst- ~ .. 88
Sommerlicher Obstsalat.. 90
Spinat-Eier-Pfanne.... 106
Sprossensalat, Bunter ~ 128
Suppe , Joghurt ~ nach Balkanart 132
Suppe, Porree ~ 132
Suppe, Pürierte Möhren ~ 134

T

Tomaten, Sellerie-Kuchen mit ~ 136
Tomaten, Überbackene Käse- ~ 133
Tomatenreis, Chinakohl auf ~ 111
Tomatensalat mit körnigem Frischkäse..... 125

U

Überbackene Käse-Tomaten 133

V

Vinaigrette, Sauce ~ . 131
Vollkornbrötchen (Grund-Rezept) 83

W

Waldorfsalat 124
Weizen, schnelles ~ -Roggen-Mischbrot (Grund-Rezept)....... 82
Weizenkeimsalat..... 126
Weizenkörner, Müsli aus gekeimten ~ 80
Wirsingauflauf 98

Z

Zimtfisch, Indischer ~ mit Kartoffeln....... 120
Zitronen-Quark-Speise . 99
Zitronenrolle 94
Zwiebel, Champignon- ~ -Gemüse 102

Mein Ernährungsprotokoll

Wann habe ich gegessen? (Uhrzeit)	**Was** habe ich gegessen oder getrunken? (g oder ml)	**Wo** und mit wem habe ich gegessen oder getrunken?	**Warum** habe ich gegessen oder getrunken? (Hunger, Langweile etc.)	**Wie** habe ich das Essen erlebt? (Schön, befriedigend, lästig)	**kcal**

Wichtige Anschriften

Beratung / Selbsthilfe bei Eßstörungen

Achten Sie auch auf Angebote von Selbsthilfegruppen, Gesundheitszentren/-ämtern und Krankenkassen in Ihrer Nähe!

ANAD e.V.
Beratungsstelle bei Eßstörungen
Seitzstr. 8
80538 München
Tel. 0 89/24 23 99 60
Fax 0 89/24 23 99 60
E-mail: kontakt@ANAD-pathways.de
internet: www.ANAD-pathways.de

Balance
Beratung und Therapie bei Eßstörungen e.V.
Waldschmidtstr. 11
60316 Frankfurt/Main
Tel. 0 69/49 08 63 30
Fax 0 69/49 08 63 31

Bulimiezentrum e.V.
C/O Welger
Reuterweg 65
60323 Frankfurt
Tel. 0 69/72 33 33
Fax 0 69/17 22 64
E-mail: bulimie-zentrum@gmx.de
internet: www.bulimie-zentrum.de

Die Brücke
Eßstörungsbereich, Beratungs- und Therapiezentrum e.V.
Walddörferstr. 337
22047 Hamburg
Tel. 0 40/6 68 36 36
Fax 0 40/6 68 29 73
E-mail:
info@essstoerungstherapie.de
internet:
www.essstoerungstherapie.de

Dick und Dünn e.V.
Beratungszentrum bei Eßstörungen
Innsbrucker Str. 25
10825 Berlin
Tel. 0 30/8 54 49 94
Fax 0 30/8 54 84 42
E-mail: dick-und-dünn@freenet.de

Frankfurter Zentrum für Eßstörungen
Hansa Allee 18
60322 Frankfurt
Tel. 0 69/55 01 76
Fax 0 69/5 96 17 23
E-mail: fz.ess-stoerungen@t.online.de
www.fz-ess-stoerungen.de

Frauenberatungsstelle Frauen Lernen Leben e.V.
Venloer Str. 405-407
50825 Köln
Tel. 02 21/9 54 16 61

Kabera e.V.
Beratungsstelle für Eßstörungen
Kurt-Schumacher-Str. 2
34117 Kassel
Tel. 05 61/78 05 05
Fax 05 61/71 02 27

NAKOS
Nationale Kontakt- und Informationsstelle zur Anregung und Unterstützung von Selbsthilfegruppen
Albrecht-Achillesstr. 65
10709 Berlin
Tel. 0 30/8 91 40 19
Fax 0 30/8 93 40 14
E-mail. nakos@gmx.de
internet: www.nakos.de

Fragebogen

für Leserinnen und Leser

Wir sind sehr daran interessiert zu erfahren, inwieweit Ihnen unser Ratgeber behilflich sein konnte. Ihre Anregungen werden wir bei einer Neuauflage gerne berücksichtigen.

Vielen Dank im voraus für die Zeit, die Sie sich für uns nehmen.

Das Kapitel „Meine Ausgangslage" fand ich

- ☐ sehr gut, um etwas über meine eigenen Wünsche und Bedürfnisse zu erfahren
- ☐ ganz in Ordnung ☐ überflüssig
- ☐ ______________________________

Das Ernährungsprogramm – theoretisch vorgestellt ab Seite 16 – ist

- ☐ nicht ausführlich genug ☐ gibt viele wichtige Informationen
- ☐ ______________________________

Die Tageskostpläne (Seiten 30–34) sind

- ☐ eine sehr gute Hilfestellung ☐ in meinem Alltag nicht durchführbar
- ☐ eine Orientierungshilfe
- ☐ ______________________________

Die Rezepte gefallen mir:

	Zutaten	Zubereitung	Darstellung
Sehr gut	☐	☐	☐
gut	☐	☐	☐
befriedigend	☐	☐	☐
nicht	☐	☐	☐

Folgende Rezepte habe ich ausprobiert:

- ☐ ______________________________

Haben Sie an einem Ernährungstraining der Verbraucher-Zentrale NRW teilgenommen?

☐ ja ☐ nein

Was Sie uns schon immer einmal mitteilen wollten:

____

____

Bitte trennen Sie diesen Fragebogen heraus und senden ihn an die
Verbraucher-Zentrale NRW, Bereich 3-ER, Mintropstr. 27, 40215 Düsseldorf.
Vielen Dank!

Ratgeber der Verbraucher-Zentralen können Sie in den Beratungstellen der Herausgeber kaufen oder per Post gegen Rechnung bestellen (Anschriften siehe Impressum). Zu den genannten Preisen (Stand: August 2000) kommt dann eine Versandkostenpauschale hinzu.

BÄRENSTARKE KINDERKOST

Essen und Trinken für Kinder ab dem 2. Lebensjahr. Gesund und lecker. Brauchen Kinder eigene Lebensmittel? Umgang mit Süßem. Antworten auf Fragen zur praktische Kinderernährung. Mit vielen Rezepten für die ganze Familie.

144 Seiten *10,00 DM / 4,35 €*

MAHLZEIT, KINDER!

Für Eltern und Kinder. Liebevoll illustriert von Wolf Erlbruch. Das Buch zeigt, wie Kinder auch bei knapper Zeit streßfrei, gesund, vielseitig und lecker versorgt werden können. Lebensmittelauswahl, Einkaufstips, Küchenhelfer, Tricks und Phantasie. Der kleine Ratgeber „Kinder-Mahlzeit" richtet sich direkt an kleine Köche. Er enthält Rezepte von Kindern für Kinder.

Fester Einband, gebunden
124 + 36 Seiten *25,00 DM / 12,78 €*

SPIELZEUGLAND
EIN LEITFADEN FÜR ELTERN

Liebevoll illustriert von Nikolaus Heidelbach. Noch nie war das Spielzeugangebot so vielfältig – und unüberschaubar. Wir zeigen sinnvolles Spielzeug für die verschiedenen Spielsituationen: für Tüftler, Maler und Kuschelkinder ebenso wie für kranke Kinder. Auch Spielzeug zum Alleinspielen oder zum Spiel mit anderen wird vorgestellt. Der Einkaufsrat im Überblick gibt Ihnen eine schnelle Orientierung für den Einkauf. „Spielzeit", das Buch im Buch, gibt Anregungen, wie tolles Spielzeug selbst gemacht werden kann – von Kindern von gestern für Kinder von heute.

Fester Einband, gebunden
136 + 32 Seiten *25,00 DM / 12,78 €*

GEMÜSE À LA SAISON
OBST À LA SAISON

Über 40 verschiedene Gemüsearten und rund 30 verschiedene Obst- und Nußarten wachsen auf heimischem Boden. Wir stellen die einzelnen Feld-, Garten-, Strauch- und Baumfrüchte in Steckbriefen vor. Hier erfahren Sie alles über Botanik, Anbaugebiete, Handelsklassen und Nährwerte. In einem jeweils eigenen Band gibt's Rezepte: rund 300 mit Gemüse bzw. rund 240 mit Obst – von süß bis herzhaft.
Beide Werke gibt's als multimediale Ratgeber auf CD-ROM.

Gemüse à la Saison, 2 Bände zusammen
412 Seiten — *25,00 DM / 12,78 €*

Obst à la Saison, 2 Bände zusammen
333 Seiten — *18,00 DM / 9,20 €*

à CD-ROM — *19,80 DM / 10,12 €*

WAS BEDEUTEN DIE E-NUMMERN?

E-Nummern sind Bezeichnungen für Zusatzstoffe, die in allen Ländern der Europäischen Union gelten. In dieser Lebensmittel-Zusatzstoffliste werden erstmals alle Stoffe bewertet, die europaweit – das heißt seit 1993 auch in Deutschland – zugelassen sind. Ob diese Zusatzstoffe als unbedenklich gelten oder vom Verzehr abzuraten ist, erfahren Sie in diesem Ratgeber.

84 Seiten — *5,00 DM / 2,56 €*

BIO-KOST ODER HIGH-TECH-FOOD?

Food-Design, Biotechnik, Gentechnik stylen immer mehr unsere Lebensmittel und schaffen ganz neue. Vorstellungen und Wirklichkeit passen immer mehr nicht zusammen. Im ersten Teil wird hinter die Kulissen der Lebensmittelindustrie geschaut, im zweiten gibt es Steckbriefe zu aktuellen technischen Verfahren und interessanten Zutaten.

128 Seiten — *14,- DM / 7,16 €*

SELBST RENOVIEREN – ÖKO-LOGISCH

Fenster, Türen, Wände und Fußböden renovieren – praxisnah, bedürfnisgerecht, ökologisch. Je nachdem, ob Sie preiswert oder gründlich vorgehen wollen, das Ergebnis eher ästhetisch oder dauerhaft sein soll, werden Anleitungen gegeben. Infos über Materialien und Verfahren helfen bei der Auswahl. Mehrere Zugänge zu einem konkreten Problem.

240 Seiten — *18,00 DM / 9,20 €*